ادبی مقالے

(تحقیقی مضامین)

پیارے لال رتن

© Pyare Lal Ratan

Adabi Maqale *(Essays)*

by: Pyare Lal Ratan

Edition: September '2025

Publisher :

Taemeer Publications LLC (Michigan, USA / Hyderabad, India)

ISBN 978-93-5872-068-6

9 789358 720686

کتاب : **ادبی مقالے** (تحقیقی مضامین)

مصنف : **پیارے لال رتن**

صنف : تحقیق و تنقید

ناشر : تعمیر پبلی کیشنز (حیدر آباد، انڈیا)

سالِ اشاعت : ۲۰۲۵ء

صفحات : ۱۳۲

سرورق ڈیزائن : تعمیر ویب ڈیزائن

ترتیب

صفحہ	مقالہ	نمبر شمار
۴	دعوتِ فکر	
۵	اقبال کی شاعری میں احتجاج اور عمل	۱۔
۱۵	گیتا، تلک اور اقبال : ایک مطالعہ	۲۔
۲۹	اقبال کا گایتری منتر : ترجمہ یا تشریح	۳۔
۴۸	طنز نگار کنہیا لال کپور	۴۔
۵۴	غالب کی نثر نگاری	۵۔
۶۱	حالی کی تنقید نگاری	۶۔
۶۸	پنجابیت نگار بیدی	۷۔
۱۰۳	اُردو غزل گوئی۔ ایک محاکمہ	۸۔
۱۱۴	بھائی نند لال گویا: ایک مطالعہ	۹۔
۱۲۱	تخلیقی صلاحیت	۱۰

دعوتِ فکر

"ادبی مقالے" کے مشمولات میں نندلال گویاؔ، غالبؔ، حالیؔ، اقبالؔ، کنہیالال کپور، اور راجندر سنگھ بیدی کی شعری یا نثری تخلیقات کو انتقادی و تقابلی مطالعہ کا موضوع بنایا گیا ہے اور کچھ نتائج اخذ کئے گئے ہیں۔ ان کی نوعیت تحقیقی و توثیقی ہے۔ براہِ راست ان ادیبوں کی زندگی یا فنکارانہ صلاحیت کی بہ نسبت موضوعاتی نکتہ رسی پر زیادہ توجہ دی گئی ہے۔

"غزل گوئی، ایک محاکمہ" غزل کو شعر و ادب کی قدیمی ہند آریائی جمالیاتی روایت کی مبادیات کے تناظر پر رکھنے کی ایک گونہ استدلال کوشش ہے۔

زبان و بیان کے معاملے میں نقد و نظر سے مختص فقیہوں اور تکلفات پر مقالہ نگاری کے قدرے بے ساختہ اظہار اور برجستہ اسلوب کو حتے الوسع ترجیح دی ہے۔

دسواں مقالہ ہے تخلیقی صلاحیت

مرورِ ایام کا نیرنگ کسی ادب پارے کی توضیح و تفہیم کے نئے گوشے اور نئے تناظر فراہم کرتا رہتا ہے۔ اس لئے ضروری ہو جاتا ہے کہ اس کو اپنے عصری مزاج و ماحول سے الگ کر کے اُسے جدید زاویۂ نگاہ سے دیکھا جائے، اُس کی قدر و منزلت کا از سرِ نو تعین کیا جائے اور جہاں ضروری ہو پرانی تاویلوں اور تشریحوں پر نظرِ ثانی کی جائے۔

ان مقالوں کا اصل مدعا قاری کے ذوقِ تجسس کو دعوتِ فکر دینا ہے نہ کہ کسی نوع کی نظریاتی قطعیت کا مظاہرہ کرنا یا توضیحی عصبیت کو ہوا دینا۔

۱۲ مئی ۱۹۹۵ء

پیارے لال رتن

٥

اقبال کی شاعری میں احتجاج اور عمل

بقول علامہ اقبال

سن اے غافل صدا میری یہ ایسی چیز ہے جس کو
وظیفہ جان کر پڑھتے ہیں طائر بوستانوں میں

بلا شبہ کچھ ایسی ہی ہے صدا ڈاکٹر سر محمد اقبال کی۔ یہی تھی وہ صدا جو بلند بانگ شعر و نغمہ بن کر اقبال کے جیتے جی کم وبیش چالیس برس تک عام و خواص کے وردِ زبان ہوئی۔ اور یہی ہے وہ صدا جو آج بھی دلوں کو گرماتی ہے، روح کو تڑپاتی ہے اور جینے کا شعور بخشتی ہے۔ یہ صدا کیا ہے؟ اقبال کی شاعری کی تاثیر کیا ہے؟

یہ صدا اصل میں صدائے احتجاج ہے۔ ایک بھرپور اور والہانہ پروٹیسٹ ہے اُس تقدیر پرستی کے خلاف جو لوگوں اور قوموں کی زندگی کو موت سے ہم کنار کر دیتی ہے، اُس غلامانہ ذہنیت کے خلاف جو انفرادی اور اجتماعی پژمردگی اور ذلت کو جنم دیتی ہے۔ اُس زبوں حالی کے خلاف، اُس احساسِ شکست خوردگی کے خلاف جو سامراجی اور سرمایہ دارانہ لوٹ کھسوٹ کو قوموں کا مقدر گردانتی ہے۔ اور اُس بزدلی اور تنگ نظری

۶

کے خلاف جو انسان اور انسان کے درمیان بلا وجہ نفرت کی دیواریں کھڑی کر دیتی ہے۔

اقبال اپنے دور کے سب سے توانا اور سب سے بڑے شاعرِ احتجاج تھے۔ لیکن اقبال کا احتجاج احتجاج محض نہیں، یہ بامقصد احتجاج ہے۔ اقبال کی نظر میں انقلاب پر ہیں۔ اس انقلاب پر جو بے بسی اور لاچارگی کو خود اعتمادی اور خودداری میں بدل دیتا ہے۔ اقبال کی شاعری اپنی تاثیر کی بدولت انقلاب کا پیغام ہے، عزم و عمل کا صحیفہ ہے، یہ محبت، آزادی، مساوات، بیداری اور انسان دوستی جیسی ابدی قدروں کی آئینہ دار ہے۔

محمد اقبال کا جنم سیالکوٹ (پنجاب   ) کے ایک معمولی حیثیت کے کشمیری الاصل گھرانے میں ۹ نومبر ۱۸۷۷ء کو ہوا۔ ابتدائی تعلیم اسی شہر میں پائی۔ بی۔ اے اور ایم۔ اے کے امتحانات لاہور (جواب پاکستان میں ہے) سے پاس کئے۔ پی ایچ۔ ڈی اور بیرسٹری جرمنی اور انگلینڈ سے کی۔ محمد اقبال کی مادری زبان پنجابی تھی۔ بُلّھے شاہ کا صوفیانہ کلام انہیں خاص طور پر پسند تھا۔ مگر شعر کہنے کے لئے اقبال نے اردو اور فارسی زبانوں کو چُنا اور ایسی حیات پرور شاعری کی کہ اپنا نام زندہ جاوید کر لیا۔ ان زبانوں کے علاوہ علامہ اقبال انگریزی، عربی، سنسکرت، جرمنی وغیرہ میں بھی درخورِ دانی اہلیت رکھتے تھے۔ کچھ عرصے انہوں نے پروفیسری اور وکالت کی مگر زندگی کا بیشتر حصہ مطالعے اور خودی کے عرفان میں گزرا جس کے اظہار کا ذریعہ شاعری کو بنایا۔ ایسے زوردار شعر کہے کہ قوم و وطن کے مردہ جسم میں بجلی سی کوند گئی، زندگی کا احساس بیدار ہوا اور جینے کی تمنا جاگ اٹھی۔

وقت کی سرکار (انگریز حکومت) نے اقبال کو "سر" کے خطاب سے نوازا، سعادت مند شاگرد نے اصرار کیا کہ جب اُستاذ بادہ خود شاہکار ہے۔ اسے بھی اعزاز دیا جائے۔ چنانچہ سید میر حسن کو شمس العلما بنا دیا گیا۔

۷

اقبال کا عہد دانش وری اور سیاست گری کا عہد تھا۔ اپنے دور کے دوسرے عظیم رہنماؤں کی طرح اقبال نے ہندی قوم کے سیاسی شعور کو بھی جِلا دی۔ تین چار سال براہِ راست سرگرم سیاست میں بھی حصہ لیا۔ اُس وقت کے پنجاب یعنی غیر تقسیم شدہ پنجاب کی قانون ساز مجلس کے ممبر بھی چنے گئے، دوسری اور تیسری گول میز کانفرنس میں شرکت کی۔ ۱۹۳۰ء میں مسلم لیگ کے سالانہ اجلاس میں صدارتی خطبہ پڑھا۔ فرقہ دارانہ کشیدگی کو حل کرنے کی غرض سے ایک تجویز پیش کی کہ شمال مغربی ہندوستان میں مسلم اکثریت کا ایک بڑا صوبہ بنا دیا جائے۔ بعد میں اس قرار داد کے بعض نکتوں پر نادم بھی ہوئے۔ (ملاحظہ ہو "تلاش ہند - نہرو)

گاندھی جی نے اقبال کو جامعہ ملیہ اسلامیہ دہلی کا وائس چانسلر بنانا چاہا تھا، مگر علامہ رضامند نہ ہوئے۔ اپنی مہلک علالت کے آخری دنوں میں (غالباً جنوری ۱۹۳۸ء میں) علامہ اقبال نے جواہر لال نہرو کو ملنے کے لئے بُلا بھیجا، ملاقات کے دوران باتوں باتوں میں فرمایا "بھلا آپ میں اور جناح میں کون سی بات مشترک ہے؟ وہ ٹھہرے نرے سیاست گر اور آپ ہیں ایک محبِ وطن!" چند مہینوں بعد یعنی ۲۱ اپریل ۱۹۳۸ء کو یہ بے باک اور جان دار آواز ہمیشہ ہمیشہ کے لئے بند ہو گئی، اقبال چل بسے، انسان دوستی کا یہ ساز سدا کے لئے خاموش ہو گیا:

سر آمد روزگارِ ایں فقیرے   دگر دانائے راز آید کہ ناید

کلامِ اقبال آنے والی نسلوں کے لئے سرمایۂ حیات بن گیا۔ تقسیم ہند کے بعد ۱۹۴۷ء پاکستان کی حکومت نے مرحوم علامہ اقبال کو قومی شاعر کا درجہ دیا، سیاسی مصلحتوں کی بنا پر اُنہیں شاعرِ اسلام بنا لیا۔ ہندوستان کے عوام اقبال کے "ترانۂ ہندی" "سارے جہاں سے اچھا ہندوستاں ہمارا" کو کبھی نہ بھلا سکے۔ شاعر اقبال برِ صغیر ہند کا ایک

مقبول اور عظیم شاعر ہے، شاعری کا ہمالیہ! شعرِ اقبال کی کئی پرتیں اور کئی جہتیں ہیں، اپنی پسند اور اپنی دسترس کے بل بوتے پر متعدد لوگوں نے عالموں اور نقادوں نے اقبال کی شاعری اور شخصیت پر مختلف لیبل چسپاں کرنے کی کوشش کی ہے۔ اقبال کے معترف بھی ہیں اور معترض بھی۔ مگر اقبال کا یہ دعوے" اک ولولۂ تازہ دیا میں نے دلوں کو" محض شاعرانہ تعلّی نہیں ہے بلکہ ایک تاریخی حقیقت ہے۔

ہندوستانی ادبیات کی تاریخ میں اقبال کا آہنگ ایک منفرد اور ممتاز حیثیت رکھتا ہے۔ اقبال نہ ہوئے ہوتے تو دلوں کو گرما دینے والی حُب الوطنی کے ترانے بھی نہ ہوتے۔ دستورِ زباں بندی کے خلاف آسمانوں کو چیر دینے والی صدائے احتجاج بھی نہ سنائی دیتی، خودداری کا احساس و عرفان بھی نہ ہوتا، مزدور اور دہقان کو بیدار کرنے کے لئے خدا کا فرمان بھی فرشتوں پر نازل نہ ہوتا، آزاد و محکوم، قلندر و تاجر، مجاہد و راہب کی نفسیات کی پہچان بھی نہ ہوتی۔ ایمان و کفر، خالق و مخلوق کی توضیحات سے کم از کم اُردو شاعری تو محروم رہ جاتی، یوں بھی اقبال کی شاعری ہندوستان کی شعری روایات میں ایک نہایت اہم سنگِ میل ہے۔ فکری اور فنی طور پر جمال و جلال کی ہم آہنگی ہماری شاعری کا تقاضہ رہا ہے چاہے اس کی زبان سنسکرت رہی ہو یا دیگر اپ بھرنش، پراکرت اور دوسری قومی زبانیں اُردو، ہندی، بنگالی، تامل، تلگو، ملیالم، گجراتی، مراٹھی وغیرہ۔ اقبال کا شعر تخیل کی بلندی، احساس کی شدت، جذبہ کی توانائی، غنائیت کی شوخی، فکر کی گہرائی، بیان کی نزاکت، زبان کے شکوہ کا نہایت ہی حسین اور متین امتزاج ہے۔

جس سماجی اور سیاسی ماحول میں اقبال نے آنکھ کھولی تھی وہ تذبذب اور انتشار کا ماحول تھا۔ محکومی اور بے بسی کا دور تھا۔ اقبال کا

بلند بانگ لہجہ بدلتے وقت کی آواز بن کر گونجا، آنے والی صبح کی اُمید بن کر چھا گیا۔ علامہ کی شاعری ماضی کی کسک، حال کی تڑپ اور مستقبل کے حسین خوابوں کا سنگم ہے۔ جس نظامِ فکر و اخلاق کے اقبال موید ہیں وہ بنیادی طور پر تدبیر و تعمیر، حرکت و عمل، جمال و جلال کے ارفع تصورات کی ہنگامہ آرائی سے مربوط ہے، بادی النظر میں یہ شاعری فکر و نظر کی شاعری ہے، مگر غور سے دیکھا جائے تو یہ شاعری اجتہاد و ایقان کی شاعری ہے۔ گیتا کی زبان میں اسے کرم یوگ کے پیغام کی شاعری کہا جائے گا۔

علامہ کے شعر میں عمل کی دو سطحیں نمایاں طور پر نظر آتی ہیں :۔ فرد واحد کا عمل اور معاشرے کا عمل۔ ان دونوں سطحوں پر عمل کا اظہار دو صورتوں میں ہوتا ہے۔ ایک راہبانہ عمل جو راضی برضا کے منفی کردار کی غمازی کرتا ہے اور دوسرا مجاہدانہ عمل جو قلندرانہ سخت کوشی (بزبانِ گیتا نشکام کرم) کے مثبت کردار کا حامل ہے، عمل کی ان دو صورتوں کا ذکر علامہ نے مختلف الفاظ اور مختلف پیرایوں میں نہایت دلکش اور موثر انداز میں کیا ہے۔ غلام اور آزاد، کافر اور مومن، مُلّا اور مجاہد، کرگس اور شاہیں کے فکر انگیز تخیلی پیکر (IMAGES) اقبال کی شاعری کی دین ہیں۔ یہ مظہر ہیں منفی اور مثبت کردار کے، یہ علامتیں ہیں مردہ اور زندہ انسانوں اور قوموں کی :

الفاظ و معانی میں تفاوت نہیں لیکن
مُلّا کی اذاں اور، مجاہد کی اذاں اور

پرواز ہے دونوں کی اُسی ایک فضا میں
کرگس کا جہاں اور ہے شاہیں کا جہاں اور

کافر کی یہ پہچان کہ آفاق میں گم ہے
مومن کی یہ پہچان کہ گم اُس میں ہیں آفاق

۱۰

آزاد کی رگ سخت ہے مانندِ رگِ سنگ
محکوم کی رگ نرم ہے مانندِ رگِ تاک
ممکن نہیں محکوم ہو آزاد کا ہمدوش
وہ بندۂ افلاک ہے، یہ خواجۂ افلاک

اقبال کے بقول انسانی کردار اور فنونِ لطیفہ کے اعلےٰ معیار کی ایک ہی کسوٹی ہے اور وہ ہے تعینِ ذات، جو عمل فرد اور ملت کی انا کو تقویت دیتا ہے یا بزبانِ گیتا آتم سِدّھی اور لوک سنگرہ کا حامل ہے وہ عمل صائب اور صالح ہے۔ اس کے برعکس ہر وہ عمل غیر صائب اور غیر صالح ہے، پاپ اور گناہ ہے جو فرد اور معاشرے کی خودی کو کمزور کرتا ہے کیونکہ کسی کردار سے انسانی وجود کی نفی ہوتی ہے، یہ قابلِ مذمت ہے، شاہینی اطوار خودی کو استوار کرتے ہیں، یہ قابلِ تحسین و ستائش ہی نہیں قابلِ تقلید بھی ہیں۔ راہبانہ عمل فرد اور معاشرے کے زوال کا سبب بنتا ہے، مجاہدانہ عمل سے فرد اور سماج دونوں کو عروج حاصل ہوتا ہے۔ ضعیفی ایک جرم ہے، اس کی سزا موت ہے:

تقدیر کے قاضی کا یہ فتویٰ ہے ازل سے
ہے جرمِ ضعیفی کی سزا مرگِ مفاجات

یزداں پر کمند ڈال لینا، ہمتِ مردانہ کی جزا ہے، کافر تابعِ تقدیر ہوا کرتا ہے مگر مومن خود تقدیرِ الٰہی ہے،

در دشتِ جنونِ من جبریل زبوں صید ے
یزداں بکمند آور اے ہمتِ مردانہ
کافر ہے تو ہے تابعِ تقدیرِ مسلماں
مومن ہے تو وہ آپ ہے تقدیرِ الٰہی

اقبال کی شاعری پر قرآنی تعلیم کا نمایاں اثر ہے۔ یہ امر قدرتی اس لئے

11

چونکہ اقبال کی پیدائش اور تربیت ایک خدا ترس مسلمان گھرانے میں ہوئی، خود اقبال نے بھی اسلامی ادب کا گہرا مطالعہ کیا تھا، اسلام کے متعلق اپنا ایک آفاقی نظریہ قائم کیا تھا، اور اردو اور فارسی اشعار میں اپنے مخصوص انداز سے اسی نظریہ کی توضیح کی ہے، مگر اقبال فلسفہ کے دیگر پرانے اور نئے اسکولوں سے بھی اچھی طرح واقف تھے، دورانِ مطالعہ انھوں نے مشرق و مغرب کے حکمار کو اپنے دور کے تناظر میں پڑھنے، سمجھنے اور پرکھنے کی نہایت کامیاب کوشش کی، روایتی اسلام اور اقبال کے نظریۂ اسلام پر ان کوششوں اور کاوشوں کا اثر صاف ظاہر ہے، مثلاً برگساں کی طرح اقبال کائنات کو تغیر پذیر مانتے ہیں۔ مگر اقبال کی نظر میں کائناتی تغیر، تغیر محض نہیں ہے۔ "سرِ آدم ہے ضمیرِ کن فکاں ہے زندگی"۔ تبدیلی فقط تبدیل ہو جانے کو نہیں کہتے، ہر تغیر نئی تعمیر کا پیش خیمہ ہے، ہر انقلاب رُو بہ ارتقا ہے، ازل سے ہی کائنات ارتقا پذیر ہے، اجتہاد پسند رہی ہے۔ انسان خوب سے خوب تر کا جویا ہے، بلند سے بلند تر کی تلاش میں ہے۔

ہر اک مقام سے آگے مقام ہے تیرا
حیات ذوقِ سفر کے سوا کچھ اور نہیں

تو شاہیں ہے پرواز ہے کام تیرا
ترے سامنے آسماں اور بھی ہیں

سمجھتا ہے تو راز ہے زندگی
فقط ذوقِ پرواز ہے زندگی

جینے کا راز عمل کی گرم جوشی میں پنہاں ہے، وہی لوگ زندہ ہیں جو اپنی دنیا آپ بنانا جانتے ہیں، جو زمانے کا مزاج بدل سکتے ہیں، عمل سے زندگی بنتی ہے، جنت بھی جہنم بھی۔

تو رہ نوردِ شوق ہے منزل نہ کر قبول
لیلیٰ بھی ہم نشیں ہو تو محمل نہ کر قبول

اے جوئے آب بڑھ کے ہو دریائے تند و تیز
ساحل تجھے عطا ہو تو ساحل نہ کر قبول

انسانی کردار کی عظمت اور اہمیت علامہ اقبال کی شاعری کی جان اور اُن کی فکر کا ایمان ہے۔ آزادی کی تڑپ، محبت کا سوز و ساز، صدق و مروت کی فراوانی، علم و یقین کی شدت، عشق کا عرفان اور خودی کا استحکام کچھ ایسے آدرش ہیں جن کی تکرار سے اقبال کے شعر کو زندگی ملتی ہے۔

گیتا کی طرح بلکہ میں تو یوں کہوں گا غالباً گیتا کے زیرِ اثر اقبال عمل کو اقتضائے فطرت قرار دیتے ہیں۔ عمل سے فرار ناممکن ہے، عمل زندگی ہے اور بے عملی موت، خود اسلام کی تحریک بنیادی طور پر ایک زبردست تحریکِ عمل تھی، دورِ جدید میں مغربی اقوام قوتِ عمل کے زور سے مشرق پر غالب آئیں، ویدانت اور وحدت الوجود کے نظریات کی غلط تشریحات نے، عجمی تصوف کی حسین و جمیل تفسیروں اور شاعری نے، انا کی موت کو منتہائے مقصود قرار دے کر مشرقی اقوام کو بے عملی کا سبق دیا۔ یہی وہ فلسفے ہیں جو خواب کو بیداری پر، حالتِ سکر کو حالتِ صحو پر، ترکِ عمل کو ذوقِ عمل پر، نفس کشی کو استحکامِ نفس پر، فراریت کو انہماک اور جد و جہد پر، یاسیت کو رجائیت پر، خود فراموشی کو خود اعتمادی پر، نیستی کو ہستی پر یعنی موت کو زندگی پر ترجیح دیتے ہیں۔ فکر کا یہ نظریہ نہ صرف غلط ہے بلکہ خلافِ فطرت بھی ہے:

صوفی کی طریقت میں فقط مستیٔ احوال
مُلا کی شریعت میں فقط مستیٔ گفتار
وہ مردِ مجاہد نظر آتا نہیں مجھ کو
ہو جس کے رگ و پے میں فقط مستیٔ کردار

چونکہ عمل تخلیق کا سرچشمہ، ارتقا کی قوت اور جوشِ حیات ہے۔ اس لئے عدم و وجود کی ہر کیفیت، ہر تغیر، ہر انقلاب عمل کا کرشمہ ہے۔ بھرتری ہری کے

لفظوں میں :

ایں جہانے کہ تو بینی اثرِ یزداں نیست
چرخہ از تست و ہم آں رشتہ کہ بر دوک تو رشت
پیشِ آئینِ مکافاتِ عمل سجدہ گزار
زاں کہ خیزد ز عمل دوزخ و اعراف و بہشت

(فارسی ترجمہ اقبال کے جاوید نامہ سے ہے)

یعنی کائنات کو خدا نہیں بناتا یہ تو مکافاتِ عمل کا نتیجہ ہے۔ ذوقِ نمو، لطفِ جلوہ پیرائی عمل کے دم خم سے ہے۔ کردار کی جدت، افکار کی ندرت، عمل کی بدولت ہے، جو کوئی راہِ عمل پر گامزن ہے وہی فطرت کو عزیز ہے، مقدر پرستی خود فریبی ہے : عمل سے غافل ہوا مسلماں بنا کے تقدیر کا بہانہ! تقلید سے عمل کی نفی ہوتی ہے، تقلید کی روش خودکشی کا مسلک ہے : رستہ بھی ڈھونڈ خضر کا سودا بھی چھوڑ دے! وقت کی باگ ڈور اپنے ہاتھوں میں تھامنے والے کو مومن کہتے ہیں، مومن کا ہاتھ اللہ کا ہاتھ ہے۔ مگر کا فردہ ہے جس کی تکمیل وقت کے ہاتھ میں رہتی ہے۔ تقدیر کیا ہے؟ مکافاتِ عمل کا دوسرا نام عملِ انسان کا مقدر ہے :-

تو اپنی سرنوشت اب اپنے قلم سے لکھ
خالی رکھی ہے خامۂ حق نے تری جبیں

مہر و مہ و انجم کا محاسب ہے قلندر
ایام کا مرکب نہیں، راکب ہے قلندر

بڑھے جا یہ کوہِ گراں توڑ کر
طلسمِ زمان و مکاں توڑ کر

جہاں اور بھی ہیں ابھی بے نمود
کہ خالی نہیں ہے ضمیرِ وجود

ہر اک منتظر تیری یلغار کا
تری شوخیٔ فکر و کردار کا

ادراک کی شوخی میں، خیال کی رعنائی میں، ہمت کی سربلندی میں عمل پیہم رواں دواں ہے، عمل لذتِ طوفان ہے، تقدیرِ یزدان ہے، تیزیٔ نگاہ ہے، حق گوئی و بے باکی ہے۔ سخن کی دل نوازی، خلوص کی انتہا اور اندیشۂ افلاکی عمل کی ہی قلندرانہ ادائیں ہیں، نہ صرف یہ کہ عمل سے زندگی ہے بلکہ عمل ہی زندگی ہے :-

تن بے روح سے بے زار ہے حق
خدائے زندہ زندوں کا خدا ہے

عمل کی کارفرمائی کہاں نہیں ؟ عمل سوز و گداز آرزو میں ہے، خونِ دل و جگر میں ہے، شوقِ تخلیق و ذوقِ جستجو میں ہے، گرم نوائی اور شعلہ آشامی میں ہے۔ حیات کا ماحصل عمل کا ثمرہ ہے، موجِ طرب میں، اشکِ جگر گداز میں، جرأتِ اندیشہ میں، تلاشِ متصل میں، نشۂ ہستی میں، تسخیرِ کائنات میں، عرفانِ ذات میں عمل کی فرماں روائی ہے، انسان اور انسانی معاشرے کی تعمیر و ترقی کا راز عمل کی جلوہ گری میں ہے :

دے ولولۂ شوق جسے لذتِ پرواز
کر سکتا ہے وہ ذرہ مہ و مہر کو تاراج

حوالہ جات :

۱۔ کلیاتِ اقبال اردو (صدی ایڈیشن۔ لاہور)
۲۔ کلیاتِ اقبال، فارسی (صدی ایڈیشن۔ لاہور)

۱۵

گیتا، تلک اور اقبال ۔ ایک مطالعہ

تلک کی گیتا رہسیہ (اسرارِ گیتا) کا سنِ اشاعت ۱۹۱۵ عیسوی ہے۔ یہ کتاب لوکمانیہ تلک کا صحیفۂ عقیدت ہے جس میں گیتا کا نثری ترجمہ مع شرح و توضیح بھی شامل ہے۔ گاندھی جی کے بقول یہ تصنیف ایک زبردست یادگاری تفسیر ہے۔ یاد رہے کہ شریمد بھگوت گیتا ایک مختصر مگر جامع اور انتہائی طور پر مقبول مقدس نظم ہے۔ یہ سنسکرت زبان میں ہے اور اس میں درج اشلوکوں کی کل تعداد سات سو [کچھ کے نزدیک سات سو ایک] ہے۔ اصل نظم وید ویاس جی کی شہرۂ آفاق ضخیم تصنیف مہابھارت نامی رزمیہ کے ایک حصہ بھیشم پرو میں ابواب نمبر تیئس تا چالیس میں درج ہے، رامائن اور مہابھارت قدیم ہندوستان کی دو ہر دلعزیز رزمیہ داستانیں ہیں جن کی تصنیف و تالیف میں غالباً صدیاں صرف ہوئی ہوں گی۔ دنیا کی شاید ہی کسی اور کتاب کا عوام کی زندگی پر اتنا گہرا اور اتنا دیرپا اثر ہوا ہوگا جتنا کہ ان دو رزمیوں کا۔ آج بھی ہندی عوام کی زندگیوں پر ان نیم تاریخی اور نیم اساطیری کتابوں کی چھاپ موجود ہے۔ ان کے مطالعہ

سے ایسا لگتا ہے کہ رامائن اور مہابھارت کی کہانیوں کا تعلق ہندی آریوں کے ابتدائی دور سے ہے جب وہ فتوحات کرتے، خانہ جنگی میں مبتلا، آگے ہی آگے بڑھ رہے تھے۔ یقیناً ان کتابوں کی تصنیف بعد کے دور میں ہوئی ہوگی۔ غالباً عیسٰی مسیح کی پیدائش سے چار پانچ سو سال پہلے۔ ظاہر ہے کہ گیتا آج سے کوئی دو ڈھائی ہزار برس پہلے لکھی گئی تھی۔

۱۹۱۵ عیسوی میں ہی اقبال کی شاہکار شعری تخلیق 'اسرار خودی' شائع ہوئی تھی۔ یہ دلچسپ اور فکر انگیز مثنوی فارسی زبان میں ہے۔ اس کا نفسِ مضمون فلسفیانہ ہے۔ اس کتاب میں خودی [آتما]، عمل [کرم] اور عظمتِ انسانی جیسے موضوعات پر روشنی ڈالی گئی ہے۔

اتفاق کی بات ہے کہ ایک دوسرے کی کاوش سے بے خبر، غالباً بے خبر، دو عظیم معاصر لوکمانیہ تلک [ولادت ۱۸۵۶ء اور وفات ۱۹۲۰ء] اور علامہ اقبال [ولادت ۱۸۷۷ء اور وفات ۱۹۲۸ء] جو ہندوستان میں نشاۃِ ثانیہ اور قومی بیداری کے بلند پایہ علمبردار ہیں اپنی مذکورہ بالا تصانیف کو 'اسرار' کے نام سے موسوم کرتے ہیں۔ تلک کی اسرار گیتا ایک مسلم الثبوت محقق کی تصنیف ہے۔ اس کے پندرہ طویل ابواب میں [انگریزی ترجمہ] نغمۂ ربانی [بھگوت گیتا یعنی بھگوان کا گیت] کے راز کو منکشف کرنے کی مدلل اور کامیاب سعی کی گئی ہے! اقبال کی مثنوی "اسرار خودی" کے کل آٹھ سو اکہتر مترنم اشعار ہیں۔ ان میں جا بجا آیات و احادیث سے حوالے دیئے گئے ہیں۔ اس نظم میں رازِ خودی کو افشا کرنے کے لئے اقبال نے قابلِ ستائش فنکارانہ چابک دستی کا مظاہرہ کیا ہے۔ اسے اقبال کی اردو اور فارسی شعر گوئی کا [جس کی کل عمر ۱۹۱۵ء میں بائیس سال سے زیادہ نہ تھی] اولین یادگاری نقش کہا جا سکتا ہے۔

دل گرفتہ اور سراسیمہ پانڈو راج کمار ارجن کو اپنے لئے راہِ عمل کا صحیح انتخاب کرنے کی غرض سے جو اپدیش گیتا میں دیا گیا ہے۔ اس کے

متعلق ارشاد ہوا ہے :

الغرض میں نے سرّ اسرار تجھ پر واضح کر دیا ہے ،
تو اس پر اچھی طرح سے غور کر اور حسب خواہش عمل پیرا ہو ۔
[بھگوت گیتا ١٨ : ٦٣]

گویا گیتا کا پیغام بھی ایک "راز" ہے ۔ اسرار کا استعارہ عالمی اور ہندی شعر و فلسفہ کی تاریخ میں ایک مروجہ استعارہ رہا ہے ۔ یہ ایک روایتی استعارہ ہے ۔ اس روایت کی اصل یا روح کیا ہے ؟

وقت کے ساتھ ساتھ روایت کا جسم بدلتا رہتا ہے ۔ مثلاً عصری ادب و آداب ، رسم و رواج ، اقدار و اطوار حد درجہ اہمیت کے حامل ہوتے ہوئے بھی یقینی طور پر تغیر پذیر ہیں ۔ روایت کے یہ جسمانی اور خارجی اجزا ایک کھلی حقیقت کی طرح عیاں ہوتے ہیں ۔ اور یہ عام تجربہ کی بات ہے کہ عوام النّاس انہی کو روایت کی روح یا جان سمجھ بیٹھتے ہیں ۔ جب ان خارجی اور فروعی قدروں کو جو ایک خاص دورِ تہذیب سے منسلک ہوا کرتی ہیں ، اصلی اور ابدی قدریں مان لیا جاتا ہے تو آئندہ ترقی کی راہیں مسدود ہو جاتی ہیں اور سارے معاشرے پر جمود کا عالم طاری ہو جاتا ہے ۔ ایسا دور انسانی عروج کا نہیں بلکہ زوال کا دور ہوتا ہے ۔ روایت کے جسم اور روایت کی روح میں جو بنیادی فرق ہے اُسے نظر انداز نہیں کیا جا سکتا ۔ جسم کی موت یقینی ہے اور روح کی بقا ناگزیر ہے ۔

اب چونکہ تغیر اور ارتقا ناگزیر ہیں اس لئے قدرتی طور پر جمود و تنزل کے منحوس ادوار میں روحِ روایت کے آئینے کو گرد و غبارِ عصر سے پاک رکھنے اور جلا دینے کی ضرورت کا احساس پیدا ہوتا ہے ۔ بصیرت افروز دانائے راز [اوتار ، پیغمبر ، گرو] جنم لیتے ہیں اور رہنمائی کا نیک

فریضہ انجام دیتے ہیں تاکہ صحیح روایت کا صحیح تصور پھر سے مدِ نظر آجائے۔

صاف ظاہر ہے کہ روایتی راز یا سرالاسرار کسی مخفی عقیدے یا پوشیدہ نظریے کا نام نہیں ہے بلکہ یہ تو اُس اٹل تسلسل شعور و عمل کا نام ہے جسے ہر دور کے نئے تقاضوں کے پیشِ نظر از سرِ نو جاننا پہچاننا ہوتا ہے۔

تلک اور اقبال عصرِ حاضر میں اس راز جوئی کی دو صحت مند کڑیاں ہیں۔ یہی وجہ ہے کہ جن مضامین پر تلک نے گیتا رہسیہ میں رائے زنی کی ہے، اُن سے ملتے جلتے موضوعات پر اقبال نے اسرارِ خودی میں [اور اپنی دیگر منظومات میں بھی] اظہارِ خیال کیا ہے۔ دونوں کے پیشِ نظر ہیں فرد اور معاشرہ کی تہذیب و تکمیل و استحکام کے بنیادی مسائل۔ یہ بھی ظاہر ہے کہ فرد اور معاشرہ ہمیشہ روایت سے جڑے ہوئے ہوتے ہیں۔ تو اصل مسئلہ ہے روایت کی روح کی از سرِ نو دریافت کا اور اسے عصری تناظر میں سمجھنے پرکھنے کا۔ فرد اور معاشرہ کے ان مسائل کو بزبانِ گیتا آتم سدھی اور لوک سنگرہ یا بزبانِ اقبال خودی اور ملت کے مسئلے کہا جا سکتا ہے۔ تلک اور اقبال دونوں کی تصانیف کے نفسِ مضمون کا براہِ راست تعلق نظامِ اخلاقیات سے ہے۔ مابعد الطبیعاتی (میٹا فزیکل) نظریات سے نہیں حالانکہ اُن کے اخلاقیاتی نظام کے پس منظر میں علمِ الٰہی کے کچھ جانے پہچانے سے مفروضے موجود ہیں جن کا تجزیہ کرنا نہ تلک ضروری سمجھتے ہیں اور نہ اقبال۔

تلک نے اپنے تحقیقی شاہکار میں کرم، دھرم، یگیہ، مایا، یوگ وغیرہ گیتا میں مستعمل اور روایتی اصطلاحی الفاظ اور تصورات کی وضاحت مذہب اور فلسفہ کی دیگر قدیم اور مستند کتابوں کے حوالوں سے کی ہے اور اس راز سے پردہ اٹھایا ہے کہ گیتا کا اصلی پیغام کرم یوگ یعنی بے غرضانہ ادا

۱۹

بے نیازانہ عمل ہے۔ تلک کو گیتا کے اُن عالم فاضل مفسروں سے سخت گلہ ہے جو شنکر آچاریہ کی سربراہی میں تلک کے بقول اپنے دبستانِ فکر سنیاس مارگ [جسے گیتا میں گیان اور سانکھ مارگ بھی کہا گیا ہے] یعنی راہِ ترکِ عمل کی تائید و تشہیر کے لئے گیتا کو آلۂ کار بنائے ہوئے ہیں۔ تلک یہ نکتہ اُٹھاتا ہے کہ اگر گیتا کی تلقین آشفتہ حال ارجن کو جنگ کرنے یعنی عمل پر راضی کرنے کی غرض سے ہی کی گئی ہے تو یہ کہنا کہاں تک درست ہوگا کہ گیتا کی قطعی تعلیم محض بھگتی یا محض گیان ہے؟ یہاں بھگتی سے مُراد ہے محویت اور گیان سے مُراد ہے فراریت۔ ارجن کا یہ کہنا [بھگوت گیتا ۱۸ : ۷۳] کہ "میں اب آپ کی ہدایت پر عمل کروں گا" اس بات کا ثبوت ہے کہ وہ راہِ فرار نہیں بلکہ راہِ عمل کو لبیک کہہ رہا ہے۔

اگر تعصب اور فرقہ واری کی عینک کو اُتار کر دیکھا جائے تو بقول تلک یہی نظر آئے گا کہ تمام لطیف اور عمیق مابعد الطبیعاتی مباحثوں کے درمیان ارجن کو اپنے فرضِ منصبی (بزبانِ گیتا سودھرم) کو جاننے اور اس پر کاربند رہنے کی بار بار ہدایت کی گئی ہے [ملاحظہ ہو بھگوت گیتا ۲ : ۳ و ۱۸ و ۴۷ و ۳۸ و ۴۸ اور ۳ : ۳۰ و ۳۴ اور ۴ : ۱۵ و ۲۴ اور ۷ : ۸ اور ۱۱ : ۳۳ و ۴۳ اور ۱۶ : ۲۴]۔ اس سلسلہ میں ارشاد ہوا ہے کہ انسان کا فرضِ منصبی اُس کی انفرادی فطری صلاحیت اور ذاتی کارگزاری پر مبنی ہوتا ہے [ملاحظہ ہو بھگوت گیتا ۳ : ۳۳ اور ۱۸ : ۴۱ پرکرتی سبھاؤ سے پیدا ہونے والے گن]۔ لہٰذا ارجن کے لئے لازم ہے کہ وہ ثمرِ عمل سے قطعی طور پر بے نیاز ہو کر بے دھڑک میدانِ کارزار میں کود پڑے۔ یہی ایک صورت ہے جس کے سہارے وہ ذاتی اور سماجی فرائض یعنی تکمیلِ خودی اور استحکامِ ملت کی ذمہ واریوں سے سبکدوش ہو سکتا ہے۔

مجموعی طور پر دیکھا جائے تو اقبال کے ایمان کا بھی یہی عالم ہے۔ وہ

اسلام میں رائج روایتی (جیسے وہ بھی کہتا ہے) تصوف کی تردید کرتا ہے۔ اقبال کی نظر میں یہ تصوف فراریت کی تعلیم دیتا ہے، عمل کو بے معنی گردانتا ہے اور انسانی خودی اور تکوینِ وجود سے منکر ہونے کا درس دیتا ہے۔ اقبال کی شعری اور نثری تحریروں میں قرآن شریف کی ہر اُس شرح اور تفسیر کو ہدفِ ملامت بنایا گیا ہے جس کا مقصد کسی کیف پرور اور خواب آور نظامِ فکر و اخلاق کا پرچار کرنا ہے۔ یا جو غیر متحرک اور فریبِ تخیل سے بھرپور زندگی بسر کرنے کو حاصلِ زیست قرار دیتا ہے یا ایک ناگزیر مقدر کے نظریہ کو تقویت دیتا ہے۔

"اسرارِ خودی" کے ایک کلیدی بند میں اقبال (جذبہ و خیال میں گیتا سے ہم آہنگ بند میں) یوں نغمہ سرا ہوتا ہے:

نالہ و فریاد و ماتم تا کجا؟
سینہ کوبی ہائے پیہم تا کجا؟
در عمل پوشیدہ مضمونِ حیات
لذتِ تخلیق قانونِ حیات
خیز و خلاقِ جہانِ تازہ شو
شعلہ در برکن خلیل آوازہ شو
با جہانِ نا مساعد ساختن
ہست در میداں سپر انداختن
مردِ خود دارے کہ باشد پختہ کار
با مزاجِ او بسازد روزگار
گر نہ سازد با مزاجِ او جہاں
می شود جنگ آزما با آسماں
بر کند بنیادِ موجودات را
می دہد ترکیبِ نو ذرات را

مطلب یہ کہ رونا دھونا، چھاتی پیٹنا بے کار ہے۔ زندگی کا راز عمل کی گرم جوشی میں پنہاں ہے۔ لذتِ تخلیق ہی قانونِ حیات ہے۔ "اُٹھ، کھڑا ہو، اور نئی دُنیا پیدا کر۔" خلیل کی طرح شعلوں میں اپنا گھر بنا۔ ناموافق زمانے سے سمجھوتا کر لینا تو میدانِ جنگ میں ڈھال پھینک دینے یعنی ہار مان لینے کے مترادف ہے۔ خوددار انسان دُھن کا پکا ہوتا ہے۔ زمانے کو اس کا ہم مزاج بننا پڑتا ہے۔ بالفرض وقت اُس کا ہم مزاج نہ بھی بنے تو وہ آسماں سے اُلجھ پڑتا ہے اور عالمِ موجودات کی بنیادیں ہلا دیتا ہے اور ذرّات کو نئے سانچے میں ڈھال لیتا ہے۔

جیسا کہ اوپر ذکر آچکا ہے اقبال ان مفکّروں اور مدبّروں کی آرا کو قابلِ اعتنا نہیں سمجھتا جو عالمِ موجودات کو غیر حقیقی یا خواب و سراب قرار دیتے ہیں اور جو انسانی خودی کو فریبِ تخیّل اور اس کی موت کو زندگی کا بہترین مقصد گردانتے ہیں۔ فاضل مفسّرِ قرآن شیخ محی الدین ابن عربی، گیتا کا عظیم الشان شارح شنکر آچاریہ اور فارسی زبان کا بلند مرتبہ صوفی شاعر حافظ شیرازی نیز گیتا کا مترجم فیضی سب کے سب اسی زمرے میں آتے ہیں۔ اقبال کا قول ہے کہ یہ وہ دانش ور اور شاعر ہیں جن کے زیرِ اثر قومیں ذوقِ عمل سے محروم ہو جاتی ہیں۔

یہاں ایک دلچسپ سوال پیدا ہوتا ہے کیا اقبال نے شعوری طور پر گیتا کا ترجمہ کرنے کی کبھی سوچی تھی؟ گیتا پر کبھی تبصرہ کیا؟ دونوں سوالوں کا جواب 'ہاں' میں ہے۔ مہاراجہ کشن پرشاد کے نام اپنے خط میں جو ۱۱ر اکتوبر ۱۹۲۱ء کو لکھا گیا اقبال فرماتے ہیں کہ فیضی گیتا کی روح سے ناآشنا رہا اور اُن کا ارادہ ہے کہ گیتا کا اُردو میں ترجمہ کریں۔ اسرارِ خودی (پہلا ایڈیشن) کے دیباچہ میں سری کرشن کا جو حوالہ ملتا ہے۔ اس سے صاف ظاہر ہے کہ بلاشبہ اقبال کی نظر میں سری کرشن ایک عظیم الشان انسان اور قابلِ احترام مجدّد ہیں۔ گمان اغلب ہے کہ ان کی شخصیت اور تعلیم سے اقبال نے اثر

بھی قبول کیا ہے۔ "سرگزشتِ آدم" کے عنوان سے کہی گئی اپنی نظم میں [جو بانگِ درا میں درج ہے] اقبال نے "سرودِ ربانی" کا ذکر کیا ہے۔ اسی طرح "بالِ جبریل" میں درج ایک مختصر اردو مثنوی "ساقی نامہ" ہے۔ فارسی کی "اسرارِ خودی" تو ہے ہی۔ ان منظومات کے علاوہ بیسیوں اشعار تقابلی مطالعہ کے لیے پیش کیے جا سکتے ہیں۔ اسی ضمن میں ملاحظہ ہو۔ راقم الحروف کی انگریزی کتاب لِونگ ٹریڈیشن LIVING TRADITION یعنی زندہ روایت [بھگوت گیتا اور ساقی نامہ کی جمالیات اور اخلاقیات کا تقابلی مطالعہ] جس میں ثبوت بہم پہنچائے گئے ہیں کہ مثنوی ساقی نامہ گیتا کے پیغام کی شعری تلخیص ہے۔ یہ مثنوی کیا ہے؟ ایک دریائے معرفت ہے جو کوزے میں بند ہے، اس میں مناجات، سوالات اور جوابات کا اندازِ اظہار گیتا کے مکالماتی لہجے کی صدائے بازگشت نہیں تو اور کیا ہے؟ عنوان "ساقی نامہ" کے لغوی معنی کچھ بھی کیوں نہ ہوں اس عنوان کی معنوی تشریح خدا (ساقی) کا پیغام (نامہ) یعنی "بھگوت گیتا" کی طرف ایک واضح اشارہ ہے۔ اقبال نے انگریزی، فارسی، عربی، سنسکرت وغیرہ میں لکھی گئی نظموں یا شعروں کے تراجم بھی کیے ہیں۔ مترجم اقبال کی خوشہ چینیاں بذاتِ خود تخلیقی کارنامہ ہیں، وہ نہایت احتیاط اور بڑی کاوش سے ترجمہ کرتے ہیں۔ اس پر اصل کا گمان ہوتا ہے کیونکہ وہ اصل شعر کے نفسِ مضمون اور جذباتی آہنگ کا پورا پورا خیال رکھتے ہیں۔ یہی حال "ساقی نامہ" کا ہے۔

"ساقی نامہ" سے ماخوذ چند منتخبہ اشعار ملاحظہ ہوں۔ مگر یاد رہے کہ پوری مثنوی بغور پڑھنے سے تعلق رکھتی ہے۔ کیونکہ یہ نظم اقبال کے فکر و فن کا ایک اعلیٰ نمونہ ہے۔

شرابِ کہن پھر پلا ساقیا وہی جام گردش میں لا ساقیا
مری ناؤ گرداب سے پار کر یہ ثابت ہے تو اس کو سیار کر

۲۴

بتا مجھ کو اسرارِ مرگ و حیات   کہ تیری نگاہوں میں ہے کائنات

ملاحظہ ہوں گیتا میں اسی نوعیت کے اشلوک جو ارجن کی زبان سے سری کرشن کو مخاطب کر کے کہے گئے ہیں۔ مزید تشفی :۔

دما دم رواں ہے یم زندگی
ہر اک شے سے پیدا رَم زندگی
اسی سے ہوئی ہے بدن کی نمود
کہ شعلے میں پوشیدہ ہے موجِ دُود
گراں گرچہ ہے صحبتِ آب و گِل
خوش آئی اسے محنتِ آب و گِل
یہ ثابت بھی ہے اور سیّار بھی
عناصر کے پھندوں سے بیزار بھی
یہ وحدت ہے کثرت میں ہر دم اسیر
مگر ہر کہیں بے چگوں، بے نظیر...
چمک اس کی بجلی میں تارے میں ہے
یہ چاندی میں، سونے میں، پارے میں ہے

مندرجہ بالا بند کے اشعار میں " زندگی " یا بزبان گیتا " برہم " کے لیے صیغہ واحد غائب برتا گیا ہے۔ گیتا میں واحد متکلم۔ نفسِ مضمون ایک ہی ہے۔ علامہ اقبال سے معذرت کے ساتھ اسے یوں بھی پڑھا جا سکتا ہے تاکہ گیتا میں درج متعلقہ اشلوکوں سے ان اشعار کا رشتہ بخوبی جانا جا سکے :۔

دما دم رواں ہُوں یم زندگی
ہر اک شے سے پیدا رَم زندگی
مجھی سے ہوئی ہے بدن کی نمود
کہ شعلے میں پوشیدہ ہے موجِ دُود

گراں گرچہ ہے صحبتِ آب و گِل
خوش آئی مجھے محنتِ آب و گِل
مَیں ثابت بھی ہوں اَور سیّار بھی
عناصر کے پھندوں سے بیزار بھی
مَیں وحدت بھی کثرت میں ہر دم اسیر
مگر ہر کہیں بے چگوں بے نظیر ...
چمک بن کے بجلی میں تارے میں ہوں
مَیں چاندی میں سونے میں پارے میں ہوں

وغیرہ وغیرہ :

یہاں یہ بتا دینا بھی ضروری ہے کہ کچھ شواہد کی بنا پر علاّمہ اقبال کی سنسکرت دانی بھی ایک تصدیق شدہ امر ہے۔ ملاحظہ ہو جاوید اقبال کی تصنیف زندہ رُود حصہ دوم صفحات ۲۲۱ تا ۲۳۸ اَور عبدالمجید سالک کی ذکرِ اقبال صفحہ ۱۲۷ تا ۱۲۹۔ یوں بھی اغلب ہے کہ اپنے دوست سوامی رام تیرتھ کی صحبت میں علاّمہ نے گیتا اَور اس سے متعلقہ لٹریچر کا مطالعہ کیا ہوگا اَور اُنہوں نے انگریزی مترجم ایڈون آرنلڈ (EDWIN ARNOLD) کی "دی سانگ سلیشل" THE SONG CELETIAL جو گیتا کا قابلِ ذکر ترجمہ ہے ضرور پڑھی ہوگی جس میں "ستیہ" "برہم" "آتما" کا ترجمہ کچھ جگہوں پر LIFE لائف کیا گیا ہے۔ اقبال کے یہاں یہی LIFE لائف "زندگی" بن گئی۔ ایک اور جگہ اقبال لکھتے ہیں :

فرشتہ موت کا چھوتا ہے گو بدن تیرا
ترے وجود کے مرکز سے دُور رہتا ہے

اَور : تو خود تقدیرِ یزداں کیوں نہیں ہے۔ تقدیرِ یزداں بھی غالباً "آتم مایا (گیتا ۴ : ۶) کا ترجمہ ہے۔ اسی طرح گیتا میں آتما، آتم وان،

۲۵

عام وقت جیسے الفاظ کی گونج بھی اقبال میں خودی، خودنگر، خودگر، خودگیر جیسے الفاظ میں ملتی ہے۔

ہم پھر "ساقی نامہ" کی جانب متوجہ ہوتے ہیں۔ یہ اشعار ملاحظہ ہوں:

فریبِ نظر ہے سکون و ثبات
تڑپتا ہے ہر ذرّہ کائنات
ٹھہرتا نہیں کاروانِ وجود
کہ ہر لحظہ ہے تازہ شانِ وجود
سمجھتا ہے تو راز ہے زندگی
فقط ذوقِ پرواز ہے زندگی
اُتر کر جہانِ مکافات میں
رہی زندگی موت کی گھات میں
گل اس شاخ سے ٹوٹتے بھی رہے
اسی شاخ سے پھوٹتے بھی رہے
سمجھتے ہیں ناداں اسے بے ثبات
اُبھرتا ہے مٹ مٹ کے نقشِ حیات

یہ موجِ نفس کیا ہے؟ تلوار ہے!
خودی کیا ہے؟ تلوار کی دھار ہے!
خودی کیا ہے؟ رازِ درونِ حیات!
خودی کیا ہے؟ بیداریٔ کائنات!
خودی جلوہ بدمست و خلوت پسند!
سمندر ہے اک بُوند پانی میں بند!
کرن چاند میں ہے، شرر سنگ میں
یہ بے رنگ ہے ڈوب کر رنگ میں

خودی کا نشیمن ترے دل میں ہے
فلک جس طرح آنکھ کے تل میں ہے

یہ عالم، یہ بُت خانۂ چشم و گوش
جہاں زندگی ہے فقط خورد و نوش
تری آگ اس خاکداں سے نہیں
جہاں تجھ سے ہے تو جہاں سے نہیں
بڑھے جا یہ کوہِ گراں توڑ کر
طلسمِ زمان و مکاں توڑ کر!
ہر اک منتظر تیری یلغار کا
تری شوخیٔ فکر و کردار کا
تو ہے فاتحِ عالمِ خوب و زشت
تجھے کیا بتاؤں تری سرنوشت

چاہے اقبال کے اشعار میں خودی کی تعریف و توضیح کی بات ہو، چاہے کائنات کے ہر ذرہ میں تڑپ کا ذکر ہو یا زندگی کی شاخ سے پھولوں کے ٹوٹنے اور پھوٹنے کا استعارہ ہو، گیتا کے قاری کے لئے ساقی نامہ میں جگہ جگہ سری کرشن کے کہے ہوئے اشلوکوں کی بازگشت سنائی پڑتی ہے۔ ارجن کو بار بار تلقین کی جا رہی ہے کہ تو دوں ہمتی چھوڑ، بزدلی ترک کر، جنگ پر آمادہ ہو۔ اقبال کا یہ شعر اس تلقین کا خلاصہ ہے، ایک گونہ اور صاف اشارہ ہے۔

ہر اک منتظر تیری یلغار کا — تری شوخیٔ فکر و کردار کا

شوخیٔ فکر و کردار بزبان گیتا کرم یوگ ہی تو ہے۔

مندرجہ بالا سطور کا ہرگز ہرگز یہ مطلب نہیں ہے کہ علامہ اقبال نے جُوں کا توں گیتا کا ترجمہ ساقی نامہ میں کیا ہے۔ اپنے مطالعے، مشاہدے

اور تجربے کی روشنی میں اپنی علمیت اور فراست کی بنیاد پر، تحقیق اور بصیرت کے بل بوتے پر ایک عظیم شاعر اور فلسفی شعری تخلیق کے خام مواد کو کندن بنا کر پیش کرنے کا شعور رکھتا ہے۔ اقبال نے ایسا ہی کیا ہے۔ "ساقی نامہ" کے شعری محاسن کو مدِّنظر رکھتے ہوئے بلا تامل کہا جا سکتا ہے کہ علامہ کی یہ نظم اُن کے نام کو زندہ جاوید کرنے کے لئے کافی تھی۔ اس کے خام مواد میں لفظی اور معنوی اوصاف میں اقبال کی اپنی تربیت اور اپنے دور کی سیاسی، ملی، مذہبی، قومی، بین الاقوامی فضا کی جو تصویر کشی کی گئی ہے۔ وہ نہایت ہی اہم ہے۔ گیتا کی طرح "ساقی نامہ" عصری اقدار کا بھی حامل ہے۔ جن کی منظوم ترجمانی علامہ جیسا عظیم شاعر ہی کر سکتا ہے۔ تلمیحات کا اسلامی کلچر سے متعلق ہونا ہرگز گراں نہیں گزرتا کیونکہ نظم کا پورے کا پورا ماحول آفاقی ہے، ملٹن ہو کہ ٹی ایس ایلیٹ، بابا نانک ہو کہ بابا فرید، ٹیگور ہو کہ شری اربندو ہر عظیم شاعر ایک مخصوص سماجی اور ثقافتی ماحول میں پنپتا ہے اور اسی ماحول سے تشبیہیں، تلمیحیں اور استعارے کنائے لیتا ہے۔ ایسا کرنے سے اُس کی تخلیقات کی گہرائی اور گیرائی میں کمی واقع نہیں ہوا کرتی، اُسے اسلامی، ہندو، سکھ، یہودی، عیسائی شاعر کہہ دینا نہ صرف غلط بیانی ہے بلکہ قاری کی کم نظری کی دلیل ہے۔ مزید برآں "ساقی نامہ" میں مختلف مذہبی اور کلچرل اثرات (جو آفاقی ہیں) کی نشان دہی بھی کی جا سکتی ہے، مثلاً قرآنی تعلیمات کی۔ اس پہلو سے دیکھا جائے تو بھی یہ نظم گیتا کا تتبع کرتی ہوئی نظر آتی ہے۔ درست ہی کہا جاتا ہے کہ گیتا میں مختلف مکاتیب فکر سے استفادہ کیا گیا ہے، پھر بھی گیتا کا نفس مضمون اور لب و لہجہ اُن سب سے جدا ہے۔ یا دوسرے لفظوں میں یوں کہہ سکتے ہیں کہ گیتا کی کٹھالی میں متضاد اور مختلف فیہ نظریوں کا امتزاج کچھ اس طرح ہو پایا ہے کہ روایت کی از خود تجدید ہو گئی ہے۔ روایت کو ہم عصر تقاضوں سے ہم آہنگ و ہم کنار کر دیا گیا ہے،

میں ایسی ہی کاوش علامہ کے کلام خصوصاً ساقی نامہ میں جھلکتی ہے ، گیتا اور قرآن کے روایتی تصور کو علامہ نے نہایت کامیابی سے ایک نیا چہرہ، ایک نیا رُخ دیا ہے ۔ یہ کامیابی بذاتِ خود ایک بہت بڑا کارنامہ ہے ۔ روایت میں تجدید کاری کا جو رویّہ گیتا میں اپنایا گیا ہے ۔ وہی اقبال کے یہاں ملتا ہے ۔

ظاہر ہے کہ تلک اور اقبال دونوں ہی اپنے اپنے ڈھنگ سے ایک ایسے نظام فکر اور مکتب اخلاقیات کے موید ہیں جس کے ترکیبی عناصر میں تخلیق و تعمیر، حرکت و عمل، اور قوت و وقار کے ارفع تصورات کی فراوانی ہے ۔ ایسی شان دار، توانا اور لازمی اخلاقی اقدار کو محض ہندوؤں یا محض مسلمانوں کی وراثت قرار دینا سراسر لاعلمی اور کج فہمی پر دلالت ہے ۔ یہ اقدار حسنہ تو بلا لحاظ رنگ و نسل، مذہب و ملت ہر ذی روح انسان کا مقدر ہیں؛

" جو جو بھی قوت و جمال و جلال کا منظہر ہے تو یوں
سمجھ کہ وہ میرے نُور کی ایک کرن سے ہویدا ہوا ہے "
[بھگوت گیتا ۱۰ : ۴۰]

خلاصہ کلام یہ کہ تلک اور اقبال گیتا میں درج اخلاق و کردار کے اس آفاقی تصور کو دل کھول کر داد دیتے ہیں اور ہندی اخلاقیات کی اس حیات بخش روایت کی ترجمانی کرتے ہیں ۔ جس کا احساس انفرادی اور اجتماعی زندگی کو بامعنی ، بامقصد اور پُر اثر بنا دیتا ہے ۔

— ٥ —

حوالہ جات :

۱۔ گیتا رہسیہ (انگریزی ترجمہ) ، تلک
۲۔ کلیاتِ اقبال (اُردو)
۳۔ کلیاتِ اقبال (فارسی)
۴۔ دی بھگود گیتا (انگریزی) ، ڈاکٹر رادھا کرشنن
۵۔ سکی لومکس ٹریڈیشن (انگریزی) ، پیارے لال رتن

اقبالؔ کا گائیتری منتر۔ ترجمہ یا تشریح

کلیاتِ اقبالؔ میں درج ایک نظم کا جلی عنوان "آفتاب" ہے اور زیریں یا ذیلی عنوان "ترجمہ گائیتری" ہے۔ یہ وہی نظم ہے جو "آفتاب" ہی کے نام سے مگر علامہ اقبالؔ کے نثری تمہیدی شذرہ اور دو حواشی کے ساتھ پہلی بار ۱۹۰۲ء میں رسالہ مخزن (لاہور) میں چھپی تھی۔ بانگِ درا ترتیب پائی تو شذرہ اور حواشی ندارد۔ چوتھے شعر کا دوسرا مصرع (تیری نگاہ رشتۂ تارِ حیات ہے) قلم زد ہوا۔ اس کی جگہ ایک نئے مصرع (تیرا یہ سوز و ساز سراپا حیات ہے) نے لے لی۔ یوں شعروں کی کل تعداد دس ہی رہی۔ نظم آفتاب اور حذف شدہ شذرہ اور حواشی شاعر کی پہلے دور کی شاعری اور نثر نگاری کا معیاری اور بصیرت افروز نمونہ ہیں اور اس کی علمی استعداد، فکری صلاحیت، تحقیقی شعور اور فنی چابکدستی کے غماز ہیں۔ مگر کیا اس نظم کو "ترجمہ گائیتری" منتر کہا جا سکتا ہے؟

دلچسپ بات یہ ہے کہ کلیاتِ اقبالؔ میں لے دے کر آفتاب ہی ایک ایسی نظم ہے جسے خود شاعر نے زیریں عنوان میں ترجمہ تسلیم کیا ہے۔ ورنہ ترجمے

کی دوسری نظموں کو یا تو "ماخوذ" قرار دیا گیا ہے یا انہیں اس قسم کا کوئی زیریں عنوان دینے کی ضرورت ہی نہیں سمجھی گئی۔ مثلاً اس زمرے میں "ابر کہسار" اور "ایک پرندہ اور جگنو" کی نظمیں آتی ہیں جو بالترتیب صریحاً انگریزی شعرا شیلی اور کوپر سے ماخوذ ہیں۔ غور سے دیکھا جائے تو بالِ جبریل میں موجود "ساقی نامہ" کی بے عدیل مثنوی اپنے پیرایۂ بیان، نفسِ مضمون اور فکر و احساس کی مشابہت کے سبب قدیم سنسکرت صحیفہ بھگوت گیتا کی صدائے بازگشت ہے۔ فارسی مثنوی "اسرارِ خودی" میں درج کچھ سبق آموز حکایتوں کے مآخذ بھی بلاشبہ جرمن شاعر نطشہ کے کلام میں موجود ہیں [ملاحظہ ہو محمد عبداللہ قریشی : معاصرینِ اقبال کی نظر میں صفحہ ۲۶۱] ۔ اخذ و اقتباس اور ترجمہ کی ایسی بے شمار مثالیں اقبال کے کلام میں پائی جاتی ہیں۔ ان سے اقبال کی تخلیقی عظمت پر کوئی حرف نہیں آتا۔ کیونکہ مختلف قوموں اور زبانوں کے مابین مختلف سطحوں پر لین دین کی روایت کوئی نئی روایت نہیں ہے۔ عالمی شعر و ادب کے ارتقا کا تقابلی مطالعہ کرنے والا ہر طالب علم جانتا ہے کہ باہمی اکتساب و استفادہ کا دستور بہت پرانا اور بہت مفید ہے۔ ایک ملک، قوم یا زبان کا ثقافتی سرمایہ ترجمے ہی کی وساطت سے دوسری قوم یا زبان کو اس خوبی سے منتقل ہوتا چلا آیا ہے جیسے یہ سرقہ نہ ہو کر اس کی اپنی اُپج اور دولت ہو!

انگریزی ادب کو ہی لیجئے۔ اطالوی زبان کے شعرا پیٹرارک، بوکاچو اور دانتے کے خونِ جگر نے انگریزی زبان کے پہلے عظیم شاعر چوسر کی شاعری کو اپنی رنگارنگی سے مالا مال کیا ہے۔ اور تو اور شیکسپیئر جیسے لافانی فنکار نے اپنے ڈراموں کے لئے بھی ایسا ہی خام مواد فراہم کیا تھا۔ کہیں کی اینٹ کہیں کا روڑا بھان متی نے کنبہ جوڑا۔ مگر شیکسپیئر کے ادبی شہ پارے سرقہ کے بہتان کی زد میں نہیں آتے۔ کیونکہ اس کی عظیم الشان فنکارانہ

کیمیاگری نے اپنے ماٰخذ کی مٹی کو کندن بنا ڈالا۔ یہی بات بڑی حد تک بیسویں صدی کے قدآور انگریزی شاعر ٹی۔ ایس۔ ایلیئٹ کے کلام پر بھی صادق آتی ہے۔

چوسر، شیکسپیئر اور ایلیئٹ کے مانند اقبال بھی ایک زبردست خوشہ چین ہے۔ نوعیت کے اعتبار سے اقبال کی خوشہ چینی چوسر اور شیکسپیئر کی بہ نسبت ایلیئٹ کی خوشہ چینی سے زیادہ مشابہ ہے۔ اخذ و تضمین اور تضمینی پیوندکاری دونوں کے اسلوبِ شعر کا ایک اہم پہلو ہے۔ دونوں ہی اپنے ہمعصروں یا پیشروؤں سے جو بھی استفادہ کرتے ہیں وہ دیدہ دانستہ اور شعوری سطح پر کرتے ہیں دونوں کے اخذ و جذب کا دائرہ اتنا وسیع ہے جتنا کہ عالمی ادب اور انسانی عرفان، کارآمد محاورہ، مصرع، شعر، عبارت، فکر یا خیال کہیں سے مل جائے، مشرق سے یا مغرب سے، چنداں مضائقہ نہیں، دونوں کی شاعری اعلانیہ طور پر حکیمانہ اور مقصدی شاعری ہے۔ دونوں کے اخلاقی رویہ اور فکری نظریہ کی اساس روحانیت ہے، مادہ پرستی سے دونوں ہی بیزار ہیں، دونوں کا شعری لب و لہجہ اپنی اپنی زبان کے متاخرین شعرا کی روایتوں سے انحراف کا آئینہ دار ہے۔ دونوں کو عہدساز راہنما شاعر کا بلند مقام و مرتبہ حاصل ہے۔ جذب و اقتباس کی بوقلمونیت سے دونوں کی ادبی عظمت اور عزت پر کوئی حرف نہیں آتا۔ اس کے برعکس دونوں کے ہاں تخلیقی بالیدگی کو نکھارنے اور اُبھارنے میں خوشہ چینی کا بہت بڑا عمل دخل ہے۔ دونوں کے لئے خوشہ چینی ایک کارگر وسیلہ ہے۔ جس کی مدد سے یہ دونوں مفکر شعرا اپنے پیغام اور آہنگ کی نہایت زوردار اور اثرآفرین تصدیق و تائید کرتے ہیں۔ دونوں شاعر روایت سے جڑے ہوئے ہیں۔ مگر روایتی شاعری نہیں کرتے، جدت طرازی دونوں کی خصوصیت ہے۔

بلاشبہ ترجمہ نگاری کا فن ثقافتی اور ادبی اخذ و اقتباس کی ایک

مفید صورت ہے۔ مگر ہر مترجم شیکسپیئر، ایلیٹ یا اقبال نہیں بن سکتا۔ کیوں؟ اس اطالوی کہاوت میں کہ "ترجمہ نگار غدار ہوتا ہے" کافی صداقت ہے۔ بالعموم ترجمہ اکثر اصل سے انحراف یا غداری کے مترادف ہے۔ وجہ یہ کہ ترجمہ کی زبان میں اصل عبارت یا شعر کے لفظی، معنوی، تخیلی، جذباتی اور صوتی توازن و آہنگ کو برقرار رکھنا آسان کام نہیں ہے۔ یہ کام ناممکنات میں سے ہے۔ ہر زبان کی اپنی خصوصیات، اپنا مزاج، اپنی تراکیب، اپنے محاورے، اپنا روزمرہ، اپنی تشبیہات، اپنے استعارے کنایے، اپنی تلمیحات اور اپنے صنائع بدائع ہوتے ہیں۔ ان سب کے پیچھے اور آگے ایک ثقافتی سرمایہ، ایک تہذیبی ورثہ ہوا کرتا ہے۔ لہٰذا ان سب کی منتقلی اور ان سب سے لطف اندوز ہونا غیر زبان والوں کے بس کی بات نہیں ہوتی۔ ترجمہ کرنا تو درکنار (بقول اقبال) محض لفظی ترجمہ ادبی اعتبار سے بے سود بلکہ شاید مضر ہوتا ہے۔ اور مترجم کسی نہ کسی مقام پر پہنچ کر ایک جانب دار مفسر اور شارح بن بیٹھتا ہے۔ اس کا اپنا ذہنی میلان، جذباتی رجحان، ثقافتی اور عصری ماحول، اس کی اپنی ذکاوت، اپنا مطالعہ نیز اپنا نظریہ اُس کے کئے ہوئے ترجمہ پر اثر انداز ہوتا ہے۔ اس لئے کامیاب اور خالص ترجمہ خصوصاً شعر کا ترجمہ کرنا نہایت مشکل کام ہے۔

بقول اقبال جذباتِ انسانی کی تخلیق یا بیداری کے کئی ذرائع ہیں جن میں سے ایک شعر بھی ہے اور شعر کا تخلیقی یا ایقاعی اثر محض اس کے مطالب و معانی کی وجہ سے نہیں ہوتا بلکہ اس میں شعر کی زبان اور زبان کے الفاظ کی صوت اور طرزِ ادا کو بھی بہت بڑا دخل ہے۔ ترجمے یا تشریح سے وہ مقصد حاصل نہیں ہوا کرتا جو شاعر کے زیرِ نظر ہوتا ہے۔ ترجمے کے لئے محض متبادل الفاظ کی تلاش اور تراش و خراش ہی کافی نہیں ہے۔ بلکہ الفاظ کی بندش و نشست، اسلوبِ بیان میں سلاست اور دلکشی، اصل شعر کی موسیقیت

اور طمانیت آمیز تاثر کی بھرپور منتقلی، جذبہ کی نرمی یا شدت کو ترجمہ کی زبان میں بھی اصل کے مطابق و موافق بنائے رکھنا وغیرہ چند ایسے لوازمات ہیں جن کے بغیر ترجمے میں زبان و محاکات کا صوتی، ثقافتی اور تہذیبی کردار صحیح طور پر اجاگر نہیں ہو سکتا اور اصل متن اور ترجمہ میں زبردست بُعدِ مکانی و زمانی بنا رہتا ہے۔

چونکہ ترجمہ کی حیثیت ایک فن کی ہے۔ اس لئے ترجمہ کی مشکلات کا تجزیہ اور احاطہ کرنے کا یہ مطلب ہرگز نہیں ہے کہ یہ فتوئے صادر کر دیا جائے کہ کامیاب ترجمے میسّر نہیں ہیں یا یہ کہ ترجمہ کرنا بیکار کی بیگار ہے۔ دقتوں کے باوجود ترجمے کی افادیت سے انکار نہیں کیا جا سکتا۔ اول تو انسانی تاریخ کے ہر دور میں گردہوں اور قوموں میں باہمی ترسیل و تفہیم کا ذریعہ ترجمہ ہی رہا ہے۔ مگر آج کے تیز رفتار دور میں جب کہ دنیا روز بروز سمٹ رہی ہے۔ مختلف قومیں اور زبانیں ایک دوسرے کے انتہائی نزدیک آ رہی ہیں، ترجمے ناگزیر حد تک ضروری ہیں۔ بین الاقوامی قرابت داری، انسانی یگانگت اور انسان دوستی HUMANISM کو درپیش مسائل کے سیاق و سباق میں ترجموں کی اہمیت اور بھی بڑھ گئی ہے۔

جس دور کا تعلق اقبال سے تھا وہ دور ہندوستانی تہذیب کی از سرِ نو دریافت کا دور تھا۔ قومی تشخّص کی پہچان، اس کے تعیّن اور وقار کی بحالی کا دور تھا، خود شناسی اور خود نگہداری کا دور تھا۔ ان عصری تقاضوں کے پیشِ نظر ہی علامہ نے عالمی اور وطنی، قدیم و جدید ادب و فکر کے دھاروں سے استفادہ کرنے، شعری اور غیر شعری، فنی اور معلوماتی تراجم فراہم کرنے کی سوچی تھی۔ لہٰذا ان کے "تراجم" یا "ماخوذات" کو اُن کے معاشرتی، سیاسی، اخلاقی اور روحانی پس منظر سے الگ کر کے نہیں پرکھا جا سکتا۔

مثال کے طور پر "آفتاب" (ترجمہ گایتری) کا ایک خاص ذہنی، اخلاقی اور فکری پس منظر ہے۔ اقبال نے خود اپنے مختصر تمہیدی میں اس پر تبصرہ کیا

ہے، ترجمے کی دشواریوں پر بھی اظہارِ خیال کیا ہے۔ اپنے اس اندیشہ کا بھی ذکر کیا ہے کہ سنسکرت دان اصحاب "ترجمۂ گایتری" پر وہی رائے قائم کریں گے جو چیپ مین نے پوپ کا ترجمہ ہومر پڑھ کر قائم کی تھی: "یعنی شعر تو خاصے ہیں لیکن یہ گایتری نہیں ہے! ایک لحاظ سے اقبال کا یہ اندیشہ صداقت پر مبنی ہے۔ غور سے دیکھا جائے تو دس شعروں کی نظم "آفتاب" ایک مختصر جملے (منتر) گایتری کا ترجمہ تو خیر ہے ہی نہیں، یہ گایتری کی اُس شرح کا ترجمہ بھی نہیں جس کا ذکر اقبال نے اپنے مذکورہ شذرہ میں کیا ہے۔ توثیق کی غرض سے شہادت کے طور پر پوپ کی ترجمہ نگاری کو تقابلی مطالعہ کے لئے پیش کرنا خاصی دیدہ دلیری کا کام ہے۔ کہاں اقبال کی مختصر نظم آفتاب اور کہاں پوپ کا طویل ترجمۂ ہومر جو دو رزمیہ نظموں پر مشتمل ہے اور جسے مکمل کرنے کے لئے پوپ کو آٹھ دس سال لگے تھے!

پہلے ایک نظر اقبال کی اُن باتوں پر جو شذرۂ تمہیدی میں درج ہیں۔ اقبال کے بقول گایتری رگ وید کی ایک نہایت قدیم اور مشہور دُعا ہے... جو چاروں ویدوں میں مشترک پائی جاتی ہے... مغربی زبانوں میں اس کے بہت سے ترجمے کیے گئے ہیں... میں نے اپنے ترجمے کی بنیاد اُس شوکت [گفتار زیبا] پر رکھی ہے جس کو سوریہ نارائن اُپنشد میں گایتری مذکور کی شرح کے طور پر لکھا گیا ہے۔ یہ اُپنشد سنسکرت زبان میں ہے۔

اب سوال اُٹھتا ہے کہ کیا اقبال سنسکرت دان تھے؟ کوئی مترجم جو سنسکرت زبان نہیں جانتا وہ اپنے ترجمے کی بنیاد کسی سنسکرت کی شرح کو نہیں بنا سکتا۔ خاص طور پر اس حالت میں جب کہ اصل سنسکرت کے ترجمے اُس کی جانی پہچانی دیگر غیر زبانوں میں بھی دستیاب ہوں۔ مگر اقبال کا دعوےٰ تو یہ ہے کہ ترجمۂ گایتری کی بنیاد سنسکرت شرح ہے جو سوریہ نارائن اُپنشد میں ملتی ہے۔ تو کیا اقبال نے سوریہ نارائن اُپنشد کا اُردو ترجمہ کہیں پڑھا تھا؟

ہو سکتا ہے پڑھا ہو اور یہ بھی ہو سکتا ہے کہ اپنی سہولیت کیلئے کسی سنسکرت داں سے موقر ترجمہ کروا لیا ہو۔

عطیہ بیگم کا کہنا ہے کہ علامہ کو عربی، فارسی اور سنسکرت میں درخورِ دانی دخل تھا، یاد رہے کہ عطیہ بیگم فیضی اقبال کی ایک ہم عصر اور ہم راز خاتون تھیں، بقول اقبال "آپ جانتی ہیں کہ میں آپ سے کوئی بات چھپاتا نہیں۔۔۔" ایک اور ہم عصر ابوظفر واحد بھی علامہ کی سنسکرت دانی کی تصدیق کرتا ہے۔ فرزندِ اقبال جاوید کا خیال ہے کہ علامہ نے سنسکرت غالباً سوامی رام تیرتھ سے سیکھی اور ہند و فلسفۂ ویدانت کا مطالعہ کیا۔ یہ ایک ناقابلِ تردید حقیقت ہے کہ اس مطالعہ کے اثرات بیّن طور پر اقبال کی نثری تحریروں اور شاعری پر موجود ہیں۔ اس میں بھی شک کی گنجائش نہیں ہے کہ ایک زبان داں کی طرح اقبال کو سنسکرت زبان، صرف و نحو اور ادب کی پیچیدگیوں اور گہرائیوں کا وافر علم بلکہ تجربہ ہے۔ مثلاً گایتری میں مستعمل لفظ "سوِیتر" کا متبادل لفظ "آفتاب" تو چن لیا مگر یہ وضاحت بھی کر دی کہ اس لفظ سے مرادؔ اُس آفتاب کی ہے جو فوق المحسوسات ہے اور جس سے یہ مادی آفتاب کسبِ ضیا کرتا ہے۔۔۔۔ گایتری منتر کے مصنف نے اپنے اشعار (؟) میں ایسے الفاظ استعمال کئے ہیں جن میں حروفِ علّت اور صحیح کی قدرتی ترتیب سے ایک ایسی لطیف موسیقیت پیدا ہو جاتی ہے جس کا غیر زبان میں منتقل کرنا ناممکنات میں سے ہے۔" ان شواہد کے پیشِ نظر علامہ کی اس رائے کو کہ "بہرحال غالباً اصل (گایتری منتر) کا مفہوم اس میں (نظم آفتاب میں) آ گیا ہے" علامہ کی کسرِ نفسی پر مبنی اظہارِ خیال نہیں قرار دیا جا سکتا۔ یہ حقیقتِ حال کا کھلا اعتراف ہے۔ اور "بہرحال" کا اس جملے میں استعمال اس بات کی طرف ایک غیر مبہم اشارہ ہے کہ نظم آفتاب کو گایتری منتر کا ترجمہ نہیں کہا جا سکتا البتہ گایتری منتر کا مفہوم اس میں موجود ہے۔

اس "بہر حال" کی اہمیت و غایت کو سمجھنے کے لئے گایتری منتر اُور سوریہ نارائن اُپنشد دونوں کے متنوں کا تجزیہ کرنا ضروری ہے۔

عروضی اصطلاح میں "گایتری" ویدوں میں مستعمل اُس چھند (بحر) کا نام ہے جس کے تین چرن (موزون اکائیاں) ہوتے ہیں۔ اُور جس کے ہر چرن میں آٹھ اکشر (رکن) پائے جاتے ہیں۔ یعنی چوبیس اکشروں اُور تین چرنوں والے چھند کو گایتری چھند کہتے ہیں۔ ظاہر ہے کہ گایتری منتر میں بھی تین چرن اُور چوبیس اکشر ہیں۔ یہ مشہور اُور مقبول منتر یعنی موزوں رمزیہ وظیفہ رگ وید کے تیسرے منڈل (فصل) میں باسٹھویں شوکت (زرّیں اقوال کا گلدستہ) کا دسواں "قول" (منتر) ہے۔ یوں تو اکیلے رگ وید میں ہی دس منڈل ہیں جن کے شوکتوں کی تعداد ایک ہزار سترہ اُور منتروں کی تعداد دس ہزار چار سو تریسٹھ بتائی جاتی ہے (بالقول سوامی دیانند سرسوتی شوکت دس سو اٹھائیس اُور منتر دس ہزار پانچ سو تراسی ہیں) مگر رگ وید یا دیگر تین ویدوں میں درج کسی دوسرے منتر یا گایتری بحر میں کہے گئے شعر کو وہ خاص مقام اُور امتیازی تقدس حاصل نہیں ہے۔ جو اس گایتری منتر کو ہے۔

گایتری منتر کی عظمت اُور تقدس لاثانی ہے۔ اِسے ایک رمزیہ وظیفہ کا درجہ حاصل ہے جس کے ایک ایک حرف اُور جس کی ایک ایک اکائی کو لے کر ہر زمانے میں، یاجن ولکیہ سے دیانند تک، علما اُور مذہبی پیشواؤں نے اپنے اپنے زاویۂ نگاہ سے بے شمار شرحوں اُور تفسیروں کا موضوع بنایا ہے۔ حال کی ایک شرح کے مطابق (جو ہندی زبان میں ہے اُور جسے شری رام آچاریہ نے گایتری منتر آرتھ کا نام دیا ہے) گایتری لفظ "گَے" गै "سے مشتق ہے۔ "گَے" کا مطلب ہے پران، نفس یا زندگی۔ [غالباً جان، جینا اسی "گَے" کے اپ بھرنش روپ ہیں] لہٰذا گایتری معنی ہوتے پران داتا اُور پران رکھشک یعنی خالق اُور امینِ حیات: زندگی دینے والا اُور زندگی

کو قائم رکھنے والا" منتر" اصطلاح میں اُس رمز آمیز موزوں مناجات کو کہتے ہیں جس کے باقاعدہ جَپ (جاپ: وظیفہ خوانی) سے کسی خاص دیوتا (الٰہی عظمت و نور کے مظہر) کی خوشنودی حاصل کی جائے۔ "منتر" کا اطلاق ویدوں میں مندرج سبھی سُوکتوں کی منظوم رمزوں پر ہوتا ہے ماسوائے اس حصہ کے جسے" براہمن" کہا جاتا ہے۔

گایتری بحر میں منظوم اُس منتر میں تین چرن (موزوں اکائیاں) ہیں جنہیں اقبال اشعار کے نام سے موسوم کرتا ہے۔ پہلی اکائی میں آفتاب کی خدائی صفات کا ذکر ہے۔ دوسری اکائی میں اس کے نور و نفس سے فیضیاب ہونے کا ذوق و شوق ہے۔ اور تیسری یعنی آخری اکائی میں مناجات کی گئی ہے کہ وہ نور علےٰ نور ہماری دانش کو روشن کرے، تابندگی دے۔ گویا اس مختصر مگر جامع منتر میں عرفان، عمل اور دعا تینوں موجود ہیں۔ یہ تینوں عناصر قدیم زمانے سے ہندوستانی فلسفہ اور مذہب کی روایات کا تار و پود ہیں۔

یہ بات دلچسپی سے خالی نہیں ہے کہ روایتی طور پر گایتری منتر کا آغاز" اوم، بھور، بھوَہ، سوَہ" سے کیا جاتا ہے حالانکہ رِگ وید میں درج گایتری منتر کا پہلا چرن" تت سوِتر ورینیم" ہے۔ اس کا دوسرا چرن" بھرگو دیوَسیہ دھی مہی" ہے اور تیسرا چرن ہے" دھیو یونہ پرچودیات"۔ " اوم" سے مراد ہے برہم یا ذاتِ مطلق۔ یہ اسمِ اعظم کے طور پر مستعمل ہوتا ہے جو دراصل اُس صوت (ناد) کی ترجمانی کرتا ہے جو واصلِ حق عارفوں کے چشم و گوش کی سرشاری اور سرمستی کا سرچشمہ ہے۔ "بھور" "بھوَہ" "سوَہ" تین عارفانہ رمزیں (ویاہرتیاں) ہیں جن کے لغوی معنی بالترتیب ارض، سما اور عالمِ علوی ہیں۔

رِگ وید اور وِشنو پران کے انگریز مترجم ولسن (WILSON) نے گایتری منتر کا ترجمہ یوں کیا ہے:

WE MEDITATE ON THAT DESIRABLE LIGHT OF THE DIVINE SAVITRI WHO INFLUENCES OUR PIOUS RITES. — RIG VEDA

'WE MEDITATE ON THAT EXCELLENT LIGHT OF THE DIVINE SUN : MAY HE ILLUMINATE OUR MINDS. — VISHNU PURAN

یعنی "ہم اُس خدا صفت ساوتری (سورج) کے مرغوب نور پر دھیان دھرتے ہیں جو ہماری پاکیزہ رسوم کو متاثر کرتا ہے!" — رگ وید سے ترجمہ
اور "ہم اُس خدا صفت سورج کے عظیم الشان نور پر دھیان دھرتے ہیں؛ وہ ہمارے دماغوں کو پُر نور کرے!" — وشنو پران سے ترجمہ

ظاہر ہے کہ ان دونوں ترجموں میں ایک ہی بات نہیں کہی گئی۔ ایک ہی مترجم ایک ہی متن کے دو مختلف ترجمے پیش کرتا ہے۔ معانی میں اختلاف کے باوجود ایک جملے پر مشتمل گایتری منتر کا ایک ہی جملے میں ترجمہ کرنے کی کوشش کی گئی جو قابلِ قدر امر ہے۔ یاد رہے کہ علامہ اقبال نے اپنے ترجمے کو دس شعروں کی نظم کی صورت میں لکھا ہے۔

ایک اور انگریز ترجمہ نگار کول بروک (COLE BROOKE) کے مطابق گایتری منتر کا ترجمہ یوں ہونا چاہیے:۔

EARTH, SKY HEAVEN. LET US MEDITATE ON (THESE AND ON) THE MOST EXCELLENT LIGHT AND POWER OF THAT GENEROUS, SPORTIVE AND RESPLENDENT SUN, (PRAYING THAT) IT MAY GUIDE OUR INTELLECTS.

یعنی ارض، سماء و عالم علوی — آؤ ہم دھیان دھریں (ان سب پر اور) اُس کریم

شعبدہ گر اور تابندہ سورج کے عظیم الشان نور اور طاقت پر (یہ دعا مانگتے ہوئے) کہ یہ ہمارے شعور کی رہنمائی کرے۔

اب ملاحظہ ہو بنجمن واکر (BENJAMIN WALKER) کا ترجمہ گایتری منتر جو اس کی تصنیف "ہندو دُنیا" میں ملتا ہے:

O THAT GLORY OF SAVITRI MOST EXC-
ELLENT!
THE EFFULGENCE OF THE DIVINE LET
US MEDITATE UPON!
MAY IT INSPIRE US WITH UNDER STAND-
ING!

یعنی: اے اُس نہایت ہی عظیم ساوتری کے جلال!
خداوند کی تجلی (جس پر) آؤ ہم دھیان دھریں! (اور دعا مانگیں کہ)
یہ ہمیں شعور سے مشتعل کرے!

ہیوم HUME نے اپنی تصنیف "تیرہ معروف اُپنشدیں" میں گایتری منتر کا یہ ترجمہ کیا ہے:-

ON THIS, OF SAVITRI THE GOD,
THE CHOICEST GLORY, LET US THINK.
OUR THOUGHT MAY HE HIMSELF INSPIRE!

یعنی اُس ساوتری دیوتا کی انتہائی امتیازی شوکت پر آؤ ہم دھیان دھریں۔ (اور دُعا مانگیں کہ) وہ خود ہمارے ادراک کو مشتعل کرے۔

مندرجہ بالا انگریزی ترجموں میں ایک بات مشترک ہے اور وہ یہ کہ گایتری منتر کے ایک جملے کا ترجمہ تین چرنوں یعنی تین باوزن اکائیوں کی ساخت کو دھیان میں رکھتے ہوئے اختصار سے کیا گیا ہے۔ قطع نظر اس کے کہ ان سبھی ترجموں میں کتنی اور کس

خوبی کی معنویت سمائی ہے۔

اب ملاحظہ ہوں گایتری منتر کے ہندی تراجم۔ پہلا ترجمہ پنڈت شری رام آچاریہ کی کتاب گایتری منتر آرتھ سے لیا گیا ہے:-

"اُس سکھ روپ، دُکھ ناشک، سریشٹھ، پاپ ناشک، پران سروپ برہم کو ہم دھارن کرتے ہیں جو ہماری بدھی کو سنمارگ کی اور پریرنا دیتا ہے" یعنی ہم اُس سراپا سکھ، دکھوں کو مٹانے والے، ذیشان، پاپوں کو ختم کرنے والے سراپا حیات خدائے مطلق کو اختیار کرتے ہیں جو ہمارے شعور کو راہِ نجات پر بڑھنے کی ترغیب دیتا ہے۔

دوسرا ہندی ترجمہ "رگ وید سنگھتا" (بھاشا بھاشیہ) جلد سوم مولفہ پنڈت جے دیو شرما سے اخذ کیا گیا ہے:-

"جو پرمیشور ہماری بدھیوں کو اچھی پرکار اُتم مارگ میں پریرنا کرتا ہے، سرو اُتپادک اُس پرکاش سروپ، سرو ویاپک، سرو داتا پرمیشور کے اس اُتم سرو سریشٹھ، پاپوں کو بھون ڈالنے والے، سمست کرم بندھنوں کو بھسم کرنے والے تیج کو دھارن کریں اور اس کا دھیان دھریں" یعنی وہ خدا تعالیٰ جو ہمارے شعور کو بخوبی نیک راستہ پر چلنے کی ترغیب دیتا ہے، سب کا خالق، وہ سراپا نور، سب میں موجود، سب کا رازق، بے عدیل، بہترین، گناہوں کو بھون دینے والا، قیودِ اعمال کو بھسم کر دینے والا ہے۔ ہم اُس کے جلال سے بہرہ ور ہوں، اُس پر دھیان دھریں!

تیسرا ہندی ترجمہ "ہندی رگ وید" نام کی کتاب سے لیا گیا ہے جو رام گووند ترویدی کی تصنیف ہے:-

"جو سوِتا ہم لوگوں کی بدھی کو پریرت کرتا ہے، سمپورن

شرتیوں میں پرستدھ اس دیو تمان' جگ سرشٹا پرمیشور کے سنجینیہ
پر برہماتمک تیج کا ہم لوگ دھیان کرتے ہیں !"

یعنی جو سورج ہمارے شعور کو مشتعل کرتا ہے' سبھی مقدس کتابوں میں (ویدوں میں) معروف و مشہور' اس عظیم طاقت والے دُنیا کے خالق' اللہ تعالےٰ کے قہار یزدانی جلال کا ہم لوگ دھیان کرتے ہیں۔

اُوپر درج کئے گئے انگریزی اَور ہندی تراجم کے مطالعہ سے یہ بات اچھی طرح ذہن نشین ہوجانی چاہیئے کہ علّامہ اقبال کی نظم آفتاب جسے ترجمہ گایتری منتر کہا گیا ہے۔ دراصل اُس گایتری منتر کا ترجمہ نہیں ہے جس کے مصرعوں (چرنوں) کی تعداد محض تین ہے۔ اسے اس منتر کی شرح یا وضاحت کہنا زیادہ قرین حقیقت ہو گا۔ رہا علّامہ کا یہ دعویٰ کہ "میں نے اپنے ترجمے کی بنیاد .... سوریہ نارائن اُپنشد .... کی شرح" پر رکھی ہے' اس پر بحث کرنے سے پہلے نظم آفتاب کا معنوی اَور صوتی تجزیہ کر لیا جائے تو بہتر ہو گا۔ بعد ازآں سوریہ نارائن اُپنشد سے نظم آفتاب کا موازنہ و مقابلہ کیا جائے گا۔

نظم آفتاب کے کل دس شعر ہیں اَور ہر شعر مثنوی کے شعروں کی طرح مقفےٰ ہے۔ پہلا اَور چھٹا دو شعر ندائیہ لہجہ لئے ہوئے ہیں، ان دونوں شعروں میں "اے آفتاب" کہہ کر آفتاب کو مخاطب کیا گیا ہے۔ مگر پہلے شعر میں تخاطب کا مقصد توصیف ہے۔ جب کہ چھٹا شعر دُعائیہ ہے۔ ساری نظم میں یہی ایک شعر ہے جس میں مبیّنہ طور پر دُعا مانگی گئی ہے کہ آفتاب ہمیں ضیائے شعور مرحمت کرے اَور یہ کہ ہماری چشمِ خرد کو اپنی تجلّی سے نور بخشے :-

اے آفتاب ہم کو ضیائے شعور دے
چشمِ خرد کو اپنی تجلّی سے نُور دے

یہ شعر گایتری منتر کے تیسرے چرن (مصرع) کی پُر زور اَور پُر تاثیر منظوم شرح ہے۔ باقی کے نو شعر آفتاب کی تعریف و توصیف کے حامل ہیں۔ اَور بقول اقبال

اس حمد و ثنا کا مرجع "وہ آفتاب ہے جو فوق المحسوسات ہے اور جس سے یہ مادی آفتاب کسبِ ضیا کرتا ہے"۔ یہ آفتاب جہان کی روح و روان ہے، وجود و عدم کی نمود کا باعث ہے، محفلِ موجودات کا سامان طراز اور دفترِ کون و مکاں کا شیرازہ بند ہے، ہر چیز کی حیات کا پروردگار ہے، اس کی نہ کوئی ابتدا ہے اور نہ انتہا، اس کی ضیا اول و آخر کی قید سے آزاد ہے:

ہر شے کو تیری جلوہ گری سے ثبات ہے
تیرا یہ سوز و ساز سراپا حیات ہے

ساری نظم پر تخاطبی آہنگ حاوی ہے۔ آفتاب کے لئے واحد حاضر کے ضمائر یعنی تو، تیرا، تیری، تیرے، بھی استعمال کئے گئے ہیں ماسوائے ایک شعر کے اور وہ ہے پانچواں شعر جس میں واحد غائب کا اسم ضمیر "وہ" برتا گیا ہے۔

وہ آفتاب جس سے زمانے میں نور ہے

اصل منتر کے مانند اس نظم کے اشعار میں بھی اُو، اِی، اے کا استعمال دیگر اصواتِ علت کی بہ نسبت زیادہ ہوا ہے۔ حروفِ صحیح کی چند اصوات کا تکرار بھی کم و بیش ایک گونہ باقاعدگی سے ہوا ہے۔ تخاطب میں قربت کا احساس، بیان میں نغمگی اور لہجے میں حلاوت ہے۔ مناجات میں متانت، حمد و ثنا میں وقار ہے۔ تخیل کی پرواز بھی پُردم ہے۔ شعریت میں پختگی جاری و ساری ہے۔ تشبیہ اور استعارہ کا اچھوتا اور دلفریب استعمال دیکھنے کو ملتا ہے، اشعار میں رواں دواں رنگین تسلسل ہے۔ خود سپردگی کی ایک ہلکی نرم رَو ہے جو دلوں میں اُترتی چلی جارہی ہے۔ شکوہِ الفاظ ہے لیکن گھن گرج نہیں ہے۔ خیال کی بلندی اور جذبہ کی پاکیزگی دونوں وجد آفریں ہیں۔ تراکیبِ لفظی کے استعمال میں جدت ہے اور معانی میں نغمت و سرور۔ غرضیکہ اشعار کا مجموعی تاثر دلکش اور جاندار ہے اور یہ اصل

منتر کی طرح گنگناتے ہیں یعنی ان کی غنایت گایتری منتر سے مشابہ ہے۔ مگر "آفتاب" دس اشعار کی ایک نظم ہے جس کا مضمون گایتری منتر سے ماخوذ ہے، یہ ایک موزوں اور انتہائی جامع رمز یعنی گایتری منتر کا ترجمہ نہیں ہے۔

اب ملاحظہ ہو سُوریہ نارائن اُپنشد۔ یہ ایک نہایت مختصر تحریر ہے۔ جس کی غرض و غایت گایتری منتر کی توضیح و تشریح کرنا ہے۔ اس کا آغاز گایتری منتر کے مقبول اور معروف متن سے ہوتا ہے پھر اس کی وضاحت درج کی گئی ہے۔ اس اُپنشد کے تقریباً نصف آخری حصہ کو اس منتر کی وظیفہ خوانی سے میسر آنے والے ثواب کے احوال کے لئے وقف کر دیا ہے، پہلے حصہ میں منتر کی شرح ہے۔ یاد رہے کہ اقبال کی نظم میں نہ تو گایتری کے متن کا ہی ترجمہ ہے اور نہ ہی اس کے ورد کے انعام کا ذکر ہے۔

اس اُپنشد میں چار مقامات پر سورج یا آدتیہ سے دُعا مانگی گئی ہے یعنی یہ کہ "اے سُورج مجھے موت سے پناہ دے! سُورج ہمیں اپنے نور سے پُر نور کرے۔ سُورج ہمیں آب و تاب دے، ہمیں محفوظ و مامون رکھے، ہمیں لمبی عمر عطا کرے"۔ تین سطروں میں سُورج پر درود و سلام بھیجا گیا ہے، "اُس سورج کو جو روح و نفس ہے سلام! اُس سورج کو جو یار و مددگار اور سراپا نُور ہے، سلام! اُس سورج کو سلام جو آفاق گیر عظمت کا مالک ہے اور دُنیا کو بنانے والا ہے!"

ذیل میں سُوریہ نارائن اُپنشد کا اُردو ترجمہ درج کیا جاتا ہے:۔

"سورج کائنات کی رُوح ہے۔ مادی اور ذی حس اشیا کی جان ہے۔
سبھی جاندار یقیناً سورج ہی سے زندگی پاتے ہیں۔

۴۴

صدقہ دنیاز، ابر و باراں اُور غلّہ سب سُورج کے فیض سے ہیں۔

اُس سورج کو جو روحِ دنفس ہے، سلام!

اے سُورج حقیقت میں تم ہی کردگار ہو، تم ہی اصلِ حیات ہو، تم ہی کارسازِ گیتی ہو!

تم ہی رگ وید، یجر وید، سام وید اُور اتھرو وید ہو، تم ہی ایک مکمل نظم ہو!

سُورج سے ہی ہَوا، مٹّی، پانی، نور، خلا اُور اطراف پیدا ہوتے ہیں۔

سُورج ہی سے دیوتا اُور وید وجود میں آئے ہیں۔

سُورج ہی سارے جہان کو گرماتا ہے۔

سُورج ہی ذاتِ ایزدی ہے، سورج ہی ضمیرِ انسانی ہے۔

سُورج ہی بدن سے پیدا ہونے والے انفاس خمسہ ہے، سُورج ہی پانچ قوائے حواس ہے، سُورج ہی پانچ قوائے عمل ہے، سُورج ہی پانچ لطیف عناصر ہے، سورج ہی گویائی، گرفت اُور حرکت کی قوت ہے، صدقہ اُور سرمستی ہے، سُورج ہی سرمستی۔ ہے اُور ادراک و عرفان ہے۔

اس یار و مددگار اُور سراپا نُور سورج کو سلام!

اے سُورج مجھے موت سے بچاؤ!

اُس سُورج کو سلام جو آفاق گیر عظمت کا مالک ہے اُور دُنیا کو بنانے والا ہے!

سبھی ذی حیات (جان دار) سُورج ہی سے جنم لیتے

ہیں۔ اُسی کی بدولت زندہ رہتے ہیں اور اسی میں محو ہو جاتے ہیں۔ جو سورج ان صفات سے متصف ہے۔ وہ میں ہی ہوں!

سورج دیوتا ہماری آنکھیں ہے، کو ہساروں کی نظر ہے، وہ ہمیں اپنے نور سے پُر نور کرے!

جس سورج سے ہم علم و عرفان کے جویا ہیں، جس ہزاروں شعاعوں والے سورج کے لیے ہم مراقبے میں کھو جاتے ہیں، وہ سورج ہمیں آب و تاب عطا کرے!

وہ سورج جو آگے ہے، پیچھے ہے، اُوپر ہے، نیچے ہے، وہ ہمیں محفوظ و مصئون رکھے!

وہ سورج ہمیں لمبی عمر عطا کرے!

" اوم ذاتِ باری کی ایک حرفی صورت ہے، گھرنی دو حرفی، سورج بھی دو حرفی، آدتیہ تین حرفی اور منو اُس سورج کی اڑھائی حرفی صورت ہے"!

بس یہاں تک اس اُپنشد میں گایتری منتر کی شرح ہے، باقی سطور میں اس منتر کے ثواب کا ذکر ہے۔ سُوریہ نارائن اُپنشد میں دو الگ الگ اور نمایاں حصے نہیں ہیں، ہم نے یہ تقسیم اس مقصد کو مدِّ نظر رکھ کر کی ہے کہ یہ بات واضح ہو سکے کہ علامہ نے مذکورہ بالا حصے یعنی اس اُپنشد کے اولین نصف ہی کو اپنے ترجمے کی "بنیاد" بنایا ہو گا۔

اُپنشد کے باقی حصہ کا ترجمہ یوں کیا جا سکتا ہے:۔

"جو شخص بلا ناغہ اس سورج کا وظیفہ پڑھتا ہے، جاپ کرتا ہے وہ شخص بلاشبہ ذاتِ ایزدی کا محرم بن جاتا ہے، عارفِ الٰہی ہو جاتا ہے۔ سورج کے رُوبرُو ہو کر اس منتر کی

وظیفہ خوانی سے وہ شخص بڑی سے بڑی آفت کے خوف سے آزاد ہو جاتا ہے، اُس کی بے سروسامانی کافور ہو جاتی ہے، وہ ممنوعہ طعام میں پاکیزگی، حرام عمل میں ثواب، بدگوئی میں نیکی، دروغ گوئی میں راستی سے بہرہ مند ہو جاتا ہے۔ دوپہر کے وقت سورج کے روبرو ہو کر اس کی وظیفہ خوانی سے وہ پانچوں قسم کے ناگہانی گناہوں کی صعوبت سے چھوٹ جاتا ہے، الغرض سورج کی حمد و ثنا کوئی کس کے لئے اور کہاں تک لکھے۔ جو نیک انسان صبح سویرے اس منتر کا جاپ کرتا ہے وہ بانصیب ہے۔ وہ مویشیوں کے گلّوں کا مالک بن جاتا ہے، ویدوں کے علم سے بہرہ ور ہو جاتا ہے۔ تین وقت کی مناجات سے تو وہ سَو صدقوں کا انعام پالیتا ہے، سُورج کا مناجاتی فنا (کے سمندر) کا پیراک ہے، فنا (کے سمندر) کا پیراک ہے۔"

صاف ظاہر ہے کہ سُوریہ نارائن اُپنشد میں گایتری منتر کی وضاحت و تشریح کے علاوہ اس منتر کی وظیفہ خوانی سے ملنے والے ثواب بھی درج ہیں۔ یہ بھی ظاہر ہے کہ علاّمہ اقبال کی نظم آفتاب گایتری منتر کا لفظی یا معنوی ترجمہ نہیں کہلا سکتی۔ اور بلا دریغ کہا جا سکتا ہے کہ اس کا ذیلی عنوان "ترجمہ گایتری" نہیں ہونا چاہیئے تھا۔ اسے "شرح گایتری" کہنا زیادہ مناسب معلوم دیتا ہے۔ نیز یہ بھی ظاہر ہے کہ علاّمہ اقبال نے اس منتر کی تشریح کے لئے سُوریہ نارائن اُپنشد کا سہارا تو یقیناً لیا، لیکن اُپنشد میں درج شرح کو ہی اپنی نظم کی بنیاد بنانے پر اکتفا کیا ہو، یہ بات درست معلوم نہیں دیتی۔ جہاں اُپنشد میں موجود کچھ تشریحی کلمات کا براہِ راست یا شاعرانہ تصرف کے ساتھ اُردو ترجمہ کر دیا گیا، وہاں کچھ دیگر جملوں کو یونہی اور

قطعی طور پر نظر انداز بھی کیا گیا ہے۔ بیشتر تشبیہیں اور استعارے جو نظم آفتاب میں ہیں وہ سوریہ نارائن اپنشد میں نہیں ہیں۔ یہ اقبالؔ کی ایجاد و اختراع ہیں۔

اس ضمن میں ایک اہم بات اور ہے جو کلامِ اقبال کے مطالعہ میں ہمیشہ یاد رکھنی چاہیئے۔ اللہ کو نور سے تعبیر کرنے کی روایت کو اپنی دانست کے مطابق اور اپنے عقیدے کی روشنی میں جس طرح اقبال نے جانا پہچانا اُس روایت کے مفہوم کو گایتری منتر کی تشریح جسے اقبال ترجمہ کہتا ہے کی شکل میں پیش کر دیا۔ گویا اس نظم میں شاعر اقبال کے مطالعہ اور عقیدہ کا ایک حسین امتزاج ہے۔ قرآن کا فرمان "اللہ نور السموات والارض" بھی شعوری یا غیر شعوری طور پر ترجمہ گایتری منتر کرتے وقت اقبال کے مدِ نظر رہا ہوگا۔

ہند میں نشاۃِ ثانیہ کے عصری تقاضوں سے عہدہ برآ ہونا بذاتِ خود ایک ایسا اہم جذبہ تھا کہ اقبال کے دور کا کوئی شاعر یا دانشور اس سے منہ نہ موڑ سکتا تھا۔ اور اقبال تو خیر اقبال تھا، ایک نابغۂ روزگار جس کو اپنے وطن کے ادب اور کلچر سے بخوبی خوب شناسائی تھی۔ نظم آفتاب پر وید اور قرآن سے منسلک ادبی اور تہذیبی روایات کی جو چھاپ ہے وہ قدرتی اور اہم ہے۔ ترجمہ کی غرض سے گایتری منتر جیسی معروف و مقدس نظم کا انتخاب بھی اقبال کے ذہنِ رسا کا بیّن ثبوت ہے۔ یہ اور ایسی ہی دیگر باتیں اپنی جگہ پر نہایت اہم اور قابلِ ستائش ہیں۔ مگر نظم آفتاب کو ترجمہ گایتری منتر کہنے کی بجائے ترجمہ شرح گایتری منتر کہنا شاید زیادہ مناسب ہوگا۔ ہاں اقبال کی اس نظم میں بھی جسے صرف ترجمہ گایتری منتر کی تلاش ہو وہ ان دو اشعار پر اکتفا کرے تو بھی بعید از کار بات نہ ہوگی۔ اس سلسلہ میں شاید یہی دو شعر کام کی چیز ہیں:-

وہ آفتاب جس سے زمانے میں نور ہے
دل ہے، خرد ہے، روحِ رواں ہے، شعور ہے
اے آفتاب ہم کو ضیائے شعور دے
چشمِ خرد کو اپنی تجلّی سے نور دے

طنز نگار کنہیا لال کپور

کنہیالال کپور (پ : ۲۷ جون ۱۹۱۰ء و : ۵ مئی ۱۹۸۰ء) ردو کے ایک ممتاز فن کار ہیں۔ ان کی ادبی شخصیت اور تخلیقی کارکردگی پر مائرانہ نگاہ بھی ڈالی جائے تو دو باتیں خاص طور پر اُبھر کر سامنے آجاتی ہیں۔ ایک تو یہ کہ وہ جب تک جیئے احباب و اغیار کو بڑے سلیقے اور بڑی احتیاط سے اُلّو کہے بغیر حسب مقدور اُلّو کہتے رہے۔ شاید اُلّو کہا کم ہو کر لکھتے زیادہ رہے۔ ایسا کرنا تھا بھی ٹھیک اور بہتر۔ تقریر میں وہ وزن، وہ استواری اور پائیداری کہاں جو تحریر کو میسّر آتی ہے۔ کسی کو اُلّو لکھتے وقت غالباً کپور صاحب کو ذہن نشین رہا ہوگا کہ تحریر کو سند رہنے کی توفیق ہے اور بوقتِ ضرورت تحریر ہی کام آیا کرتی ہے۔ لاکھ طومار باندھنے پر بھی بات کا جم جانا یقینی نہیں ہوتا۔ کپور صاحب کی ستم ظریفی کی داد دیجئے کہ آپ نے اپنے اس ناہنجار مگر قابلِ رشک سلوک کو یعنی اُلّو کہنے کی لت کو سب پر یکساں روا رکھا۔ اور اپنے اس اہم منصب کی ادائیگی میں کبھی کسی سے رُو رعایت نہیں برتی۔ ان کے اس حسن خلوص کا نتیجہ یہ نکلا کہ ان کی بے پایاں اور بے لاگ، خلوص نیتی سے رئیس زادے بھی بہرہ مند ہوئے خلعتِ نادار بھی اہلِ زبان

بھی اور بے زباں بھی، شاگرد پیشہ ادیب اور شاعر بھی اساتذۂ کرام بھی، تاجر بھی اور پتے دار بھی، صاحبِ اقتدار حاکم بھی اور بے مقدور محکوم بھی، پیشہ درحزبِ مخالف بھی اور سینہ زورِ حزبِ اقتدار بھی۔ کپور صاحب کے عزیز احسان مندوں کی اس بے ہنگم بھیڑ بھاڑ میں خانہ آباد ہوئے تو کیا، خانماں خراب اور خانہ بدوش ہوئے تو کیا! طنز نگار کی سرکار میں پہنچے تو سبھی ایک ہوئے!

اب رہی دوسری بات وہ یہ کہ کپور صاحب نے ہنسنے ہنسانے کے فن کو اُردو ادب میں ایک قابلِ قبول رُتبہ دیا۔ ہنسنے ہنسانے کو اپنا جزوِ ایماں بنایا اور اس سے بشرطِ استواری وفاداری نبھائی۔ ادب میں اظہار کو کردار کا درپن مانا جاتا ہے۔ حضرتِ کپور نے وضع داری، پابندی اور نیک نیتی سے اس بامراد فن کے ذریعے اپنے صلح کوش اور صلح کیش کردار کا جو مظاہرہ کیا ہے اُس کے کیا کہنے! رسی جل گئی پر بل نہ گیا کے مصداق آپ آخری دم تک کتابوں، رسالوں اور روزناموں کے اوراق پر شوخ اٹکھیلیوں کی پھلجھڑیاں چھوڑتے رہے اور ہنسی خوشی کے پھول کھلاتے رہے۔

نہ صرف کم ظرف بلکہ عالی ظرف انسان بھی اچھی طرح جانتے ہیں کہ ہنسی ٹھٹھول کی مجلس میں درجہ مراتب اور پنچ پنچ، ادب آداب جیسے دقیانوسی تکلفات میں نہیں پڑا جاتا۔ تکلف سے مزاح کو تکلیف پہنچتی ہے۔ اس سے مزاح کی توقیر نہیں بلکہ مثبت توہین ہونے کا ڈر رہتا ہے۔ اور یوں بھی مزاح نگار کی چشم بد دور قسم کی نظر میں مذہب وملت کی قید، رنگ ونسل کی رو رعایت، تذکیر و تانیث کی تفریق، غرض کہ یہ سب اور اسی قبیل کے دیگرے بکھیڑے واہمہ کی طفل تسلیوں سے زیادہ اہمیت نہیں رکھتے۔ جب مذاق کرنا کرانا ہی مقدر ٹھہرا، بلکہ یوں کہو کہ تردد ٹھہرا تو پھر جگہ، وقت، جنس اور عمر کی قید کیا ضروری، مسجد ہو، مدرسہ ہو، کوئی کم نگاہ ہو۔ جسے چاہو، جب چاہو اور جہاں چاہو ہدفِ تعریف و تضحیک بنا ڈالو! ذات اپنی ہو، اوقات اپنوں کی ہو، بات زندوں کی ہو یا مُردوں کی یا خواہ

اُن کی جنہوں نے ابھی عالمِ وجود میں تڑپنا پھڑکنا ہے۔ تخاطب خدا سے ہو یا خدائی سے، کام جان دار مخلوق سے ہو یا بے جان کائنات سے مزاح نگار کا مشغلہ تو بس خالص چھیڑ خانی ہے۔ سنجیدہ اور دانستہ چھیڑ چھاڑ! اس شغلِ ہموار میں کسی کی رگِ حمیت خواہ مخواہ پھڑکتی ہے تو پھڑکتی رہے!

چھیڑ خوباں سے چلی جائے اسد، بھلا خوباں سے ہی کیوں؟ ناخوبوں سے بھی کیوں نہیں؟ چھیڑ چھاڑ کی روایت چلنی ہی چاہیئے، اس کا جاری رہنا ہی بھلا۔ اس غالبیانہ روایت کو کپور صاحب نے نہ صرف یہ کہ زندہ رکھا بلکہ باہمی سر پھٹول کے اس نازک دَور میں اسے سرفراز اور سرخرو بھی کیا۔ یہ نہیں بھولنا چاہیئے کہ واقعی آج کا دَور سر پھٹول کا دَور ہے' دھول دھپا، محض دھول دھپا تو پُرانے زمانہ کی بچی کھچی یادگار ہے۔ اور یہ کپور صاحب کا ہی حصہ تھا کہ ہر حال میں شگفتہ زندہ دلی سے اُنہوں نے کبھی اپنا خاکہ اُڑایا اور کبھی عزیزوں کی ہنسی اُڑائی، مگر اس اہتمام سے' اس متانت سے کہ غمِ جاناں اور غمِ دوراں دونوں ہی بغلیں جھانکتے رہ گئے۔ تلخیاں تحلیل ہو کر شیرینیاں بنتی گئیں، رجائیت کا بول بالا ہوا، یاسیت منہ دیکھتی رہ گئی۔ رنجشیں مٹنے لگیں، کدورتیں چھٹنے لگیں، دل اور نظر کی گردیں دُھل گئیں۔ زندگی کے چہرے پر نکھار سا آنے لگا۔

دراصل ہوا یہ کہ کپور صاحب نے اپنے من کی بات دل کھول کر کہنے کے لئے طنز و مزاح کو قصداً ترجیح دی تھی۔ اسے طرزِ نگارش کا خاص جزو سمجھا اور سوچ سمجھ کر استعمال کیا۔ اس اکھاڑے میں اُترنے کے لئے انہیں پطرس کی شاگردی اور کرشن چندر کی دوستی آڑے آئی' انگریزی طنز و مزاح نگاروں کے گہرے مطالعہ نے ان کی اپنی صلاحیت پر وہ کام کیا جو سہاگا سونے پر کرتا ہے، نتیجہ اچھا نکلا جو ظاہر ہے۔ کپور صاحب کی فنی اور فکری صلاحیتیں ذرا سان پر چڑھیں اور تیز سے تیز تر

ہونے لگیں، وہ ذرا مشق و ریاضت سے ہم آہنگ ہوئے تو پھر کیا تھا، اُن کے تخیل کو پرواز کے ہمراہ رعنائی بھی میسر آگئی۔

کپور کی ظریفانہ تحریروں میں جہاں فکر و فن کا جادو سر پر چڑھ کر بولتا ہے وہاں زندگی کے تلخ و شیریں حقائق، تلخ زیادہ اور شیریں کم، کی بھی ان کے یہاں کمی نہیں ہے۔ انفرادی کج روی، معاشرتی ناہمواری، نظریاتی بے راہ روی اور ذہنی بے سروسامانی اور آوارگی جہاں کہیں بھی اور جس شکل وصورت میں بھی اُن کی نگاہ میں آئی، نظر سے گزری آپ نے زبانِ قلم سے اس کی خوب خوب کھلی اُڑائی۔ منشا یہ نہ تھا کہ کسی فرد یا فرقے کا دل دُکھے بلکہ مقصد یہ تھا کہ غیر متوازن کو توازن اور بے شعوری یا کم شعوری کو شعور سے بہرہ ور کیا جائے۔ باتوں باتوں میں فرد اور معاشرہ کی اصلاح کا بیڑہ اُٹھایا جائے۔ ہنسی ہنسی میں زمانے کو نفسیاتی گرہوں اور اخلاقی آلائشوں سے پاک رہنے کی تلقین کی جائے۔ عوام میں زندگی کے گرم سرد سے نباہ کرنے کا صحت مندانہ ذوق پیدا کیا جائے۔

سچ تو یہ ہے کہ صحت مندی کپور صاحب کے فکر و فن کی روح رواں ہے، ان کی تحریروں کی ساکھ ہے۔ ترش کلامی، مخش بیانی، بد ذوق خیال آرائی کا یہاں گزر نہیں، دل آزاری، بے دردی اور اذیت رسانی کو یہاں پر کوئی دخل نہیں۔ کپور صاحب ایک ہمدرد مگر چابک دست جرّاح ہیں نہ کہ سنگدل اور بے رحم قاتل، انہیں تعمیر مقصود ہے نہ کہ تخریب، انہیں اصلاح درکار ہے، فلاح و بہبود مطلوب ہے۔ عیب گیری تو ایک شاخسانہ ہے۔ ان کا اصل مدعا تو خوش نظری اور خوش باشی ہے۔ کپور صاحب ایک بے عدیل خوش فکر ادیب ہیں۔ اُن کا کام بامقصد چٹکلے چھوڑنا ہے، بیکار میں چڑنا چڑانا اُن کا دستور نہیں۔ ان کی خفگی دانت نہیں پیستی، منہ سے جھاگ نہیں چھوڑتی، زہر نہیں اگلتی، غصہ کھا کر آگ بگولا بھی نہیں ہوتی،

وہ طنز و مزاح کے آتش باز ہیں۔ آتش زن نہیں۔

شعرا میں دوسروں کے علاوہ مرزا غالب سے کپور کو عجیب طرح کی رغبت ہے۔ معلوم ہوتا ہے کہ وہ غالب کی شاعری کو ایک خاص حد تک مثالی شاعری تصور کرتے ہیں۔ تصور ہی کیوں تسلیم کرتے ہیں، کیونکہ غالب ہی کی رعایت سے وہ جدیدیوں پر پھبتی کستے ہیں، جدید شاعری پر چوٹ کرتے ہیں۔ تحریف گوئی کا سہارا لیتے ہیں، اور خود شعر گھڑ کر اس قماش کی شاعری پر کارآمد تبصرہ بھی کر جاتے ہیں، انہیں اس بات کا اندیشہ ہے کہ کلاسکی روایت سے منحرف ہو کر اردو شاعری کہیں متشاعری بن کر نہ رہ جائے۔ جدیدیت کے نام پر جو کچھ شعر و ادب کی دنیا میں رواج پا رہا ہے اُس کے سبب شعر کے صحیح مذاق کا ہی فقدان نہ ہو جائے۔ ہیئت اور بندشوں کی مروجہ پابندیوں سے بے نیازی کا کہیں یہ مطلب تو نہیں ہے کہ ہم عصر "جدید" شعرا شعریت کی حس اور تخیل کی رفعت و نزاکت سے عاری ہیں۔ یہ ایسے ایسے گیت اور نظمیں کہنے پر مجبور رہیں جو اگلے وقتوں میں بھانڈ، ڈوم ڈھاڑی اور میراثی یا اسی قماش کے شعر باز تُک بندیئے گانے پھرا کرتے تھے۔ آخر غالب کی شاعری میں کوئی بات تو ہے جو اسے میراثی کے گیتوں سے الگ کرتی ہے اور ممتاز و معتبر بناتی ہے۔

اس زاویہ نگاہ سے دیکھا جائے تو کپور صاحب کی تنقید نگاری بے لاگ اور بے باک ہی نہیں بلکہ دل نشین اور قابلِ غور بھی ہے۔ مثلاً وہ ایک جگہ اپنے متعلق تحریر فرماتے ہیں:-

• طنز نگار تھے یا کم از کم سمجھتے تھے کہ طنز نگار ہیں۔ آپ کی ذات صنفِ طنز پر سب سے بڑی طنز تھی۔"

پیشین گوئی کے پردے میں کس دیدہ دلیری سے صاف گوئی کا ثبوت دیا ہے اور شاید کھری بات کہہ دی ہے۔ لکھتے ہیں:-

"جدید اُدبا میں کوئی زندہ رہے گا؟ زندہ رہنے کا سوال ہی پیدا نہیں ہوتا۔ وثوق سے تو نہیں البتہ کافی ہچکچاہٹ کے ساتھ کہا جا سکتا ہے [اس تاملِ عارفانہ کی داد دیجیے۔ رتن] کہ اگر جوش اپنے کلام کے انتخابات کے علاوہ اپنی تمام تصنیفات نذرِ آتش کر دیں اور جگر اور فراق اپنی اپنی غزلوں سے پچاس فی صدی اشعار حذف کر دیں تو جدید اُردو شاعری میں یہ شاعر زندہ رہیں گے۔ اُردو افسانے میں کرشن چندر کا ایک بٹا دو حصہ، منٹو کا ایک بٹا تین حصہ اور عصمت کا ایک بٹا چار حصہ زندہ رہے گا۔ اُردو تنقید، اُردو ناول، اُردو ڈرامہ میں شاید غلطی سے کوئی زندہ رہ جائے، ویسے کسی کے زندہ رہنے کے آثار نظر نہیں آتے۔"

ادیبوں اور ادب نوازوں کی بات چھوڑیئے، مزاح نگاروں میں بھی بہت کم مزاح نگار ہوں گے جو اپنی شخصیت اور اپنی نگارشات کے بارے میں خوش فہمی کا شکار نہ ہوئے ہوں۔ مگر حضرتِ کپور کی بات ہی اور ہے، کس طمطراق سے وہ رقم طراز ہیں کہ میری لوحِ تربت پر یہ شعر کندہ ہے :-

کوئی پہاڑ یہ کہتا تھا اک گلہری سے
تجھے ہو شرم تو پانی میں جا کے ڈوب مرے

کیا قیامت ہے کہ کنہیا لال کپور کہلانے کے لئے کنہیا لال کپور کا بیان و لہجہ ہی کافی نہیں ہے، کنہیا لال کپور کا جگر بھی چاہیئے۔

۵ - غالبؔ کی نثر نگاری

شاعر غالبؔ کے بارے میں ایک رائے یہ بھی ہے کہ ہندوستان کی الہامی کتابیں صرف دو ہیں : وید مقدس اور دیوانِ غالبؔ ۔ علامہ اقبالؔ جیسے بلند مرتبہ شاعر کو مرزا غالبؔ کا معنوی شاگرد گردانا گیا ہے ۔ کہا گیا ہے کہ "مرزا اسداللہ خاں غالبؔ کو اردو اور فارسی کی شاعری سے جو عشق تھا، اس نے ان کی روح کو عدم میں جا کر بھی چین نہ لینے دیا اور مجبور کیا کہ وہ پھر کسی جسدِ خاکی میں جلوہ افروز ہو کر شاعری کے چمن کی آبیاری کرے اور اس نے . . . . دوبارہ جنم لیا اور محمد اقبال نام پایا" (شیخ عبدالقادر).
خود اقبالؔ نے جو منظوم خراجِ عقیدت مرزا غالبؔ کو پیش کیا ہے ۔ وہ بھی غالباً شاعر غالبؔ کو ہی پیش کیا ہے ۔ بقولِ اقبالؔ :

لطفِ گویائی میں تیری ہمسری ممکن نہیں
ہو تخیل کا نہ جب تک فکرِ کامل ہم نشیں

اس کے برعکس انشا پرداز اور نثر نگار غالبؔ کے متعلق ایک نہایت ہی معتبر رائے یہ ہے کہ مرزا کی زندگی میں عام شہرت جس قدر ان کی اردو نثر

کی اشاعت سے ہوئی ویسی شہرت اُردو، اُور فارسی نظم اُور فارسی نثر نگاری سے نہیں ہوئی۔ (حالی یادگارِ غالب میں)۔

اُردو ادب کی آبرو مرزا غالب کا جو نثری سرمایہ دستیاب ہے۔ اُس کا بہت بڑا حصہ خطوط و رُقعات ہیں جن کی تعداد آٹھ سو پچاس کے قریب ہوگی۔ تین مختصر رسالے، تین دیباچے، دو تقریظیں اُور ایک ناتمام افسانہ ان خطوں کے علاوہ ہیں۔

مرزا غالب عام طور پر فارسی میں خط لکھا کرتے تھے۔ مگر تحریری شواہد کی بنا پر دریافت کر لیا گیا ہے کہ آپ نے تو پچپن برس کی عمر میں فارسی کے ساتھ ساتھ اُردو میں بھی اپنے دوستوں اُور شاگردوں کے نام خط لکھنے کا سلسلہ شروع کیا۔ اڑسٹھ سال کے ہوئے تو خط و کتابت کے لئے فارسی کو ایک سرے سے ترک کر دیا اُور پھر مرتے دم تک اُردو میں ہی مراسلہ نگاری کی۔ انتقال سے کوئی چار مہینے پہلے اکتوبر ۱۸۶۸ء میں اُردو نثر کا پہلا مجموعہ "عودِ ہندی" شائع کیا۔ یاد رہے کہ ہندی سے یہاں اُردو زبان مراد ہے۔ غالب کا دوسرا نثری گلدستہ اُردوئے معلےٰ حصہ اول کے نام سے غالب کی وفات کے اُنیس روز بعد ۶ مارچ ۱۸۶۹ء کو چھپا۔ باقی کے مجموعے بعد کی دریافت اُور اشاعت ہیں۔

خط لکھنے کے اسٹائل میں اپنی جدّت طرازی پر غالب کو ناز تھا۔ دو چار جگہ اپنی مکتوب نگاری پر خود ہی تبصرہ بھی کیا ہے۔ ایک مقام پر لکھتے ہیں :-

"پیر و مرشد، یہ خط لکھنا نہیں باتیں کرنی ہیں۔ اُور یہی سبب ہے کہ میں القاب و آداب نہیں لکھتا۔ میں نے وہ اندازِ تحریر ایجاد کیا ہے کہ مراسلہ کو مکالمہ بنا دیا ہے۔ ہزار کوس سے بزبانِ قلم باتیں کیا کرو، ہجر میں وصال کے مزے لیا کرو۔"

واقعی جس نثری اسلوب کے مُوجد مرزا غالب ہیں وہ بے عدیل ہے۔ جو دل فریب لہجہ غالب کی مکتوب نگاری کا طرۂ امتیاز ہے وہ ان سے پہلے یا بعد کہیں اُور نہیں ملتا حالانکہ ان کے پیش رووں اُور معاصروں میں کئی مسلم الثبوت

شاعر اور نثر نویس ہوئے ہیں۔ اُن ہی دنوں میں فورٹ ولیم کالج کلکتہ اور دلی کالج دہلی جیسے مشہور ادبی اداروں کی سرپرستی اور نگرانی میں اور ان اداروں سے وابستہ یا غیر وابستہ بیسیوں ادیب اور کبی تھے جن کی قلمکاری کے طفیل اُردو میں پڑھائی لکھائی، ترجمہ، تالیف، تحقیق، تصنیف اور اشاعت کا کام باقاعدہ، معقول اور منظم ڈھنگ سے کیا جا رہا تھا۔ اخلاقی اور اصلاحی ادب کے علاوہ جدید علوم و فنون مثلاً صرف و نحو، قانون، لغت، تاریخ، ریاضی، جغرافیہ، سائنس وغیرہ پر کارآمد کتابیں لکھی جا رہی تھیں، عربی، فارسی اور سنسکرت کے علاوہ انگریزی کے مذہبی، علمی اور ادبی شاہکار بڑی خوش اسلوبی سے اور بڑی تعداد میں اُردو میں منتقل ہو رہے تھے۔ تاریخی تقاضوں کے زیر اثر سوچ کو نئی آنکھ اور سمجھ کو نئی جہت ملنے لگی تھی۔ فکر و فن کی روش، تعلیم و تدریس کے طریقوں اور شعر و ادب کے پیرایوں میں انقلابی تبدیلیاں رونما ہونے لگی تھیں۔ نظم و نسق اور روزمرہ کی ضرورتوں کے پیش نظر ۱۸۳۲ء میں فارسی کے بجائے اُردو کو سرکاری زبان قرار دے دیا گیا تھا۔ اُس وقت مرزا غالب کی عمر کوئی پینتیس سال تھی۔

ظاہر ہے کہ ثقافتی اور لسانی اعتبار سے مرزا غالب کا زمانہ خاصی اُتھل پتھل اور سرگرمی کا زمانہ تھا۔ یہ محسوس کیا جانے لگا تھا کہ نہ صرف سیاسی، سماجی، علمی، ادبی اور مذہبی روایتوں میں تبدیلی ناگزیر ہے بلکہ زبان و بیان کے روایتی اسلوب بھی ناکارہ ہو کر رہ گئے تھے۔ علم و ادب کے فرسودہ معیاروں کا شیرازہ بکھرنے لگا تھا، تہذیب و تمدن کی پرانی قدروں کے قلعے مسمار ہونے کو تھے۔ متوسط طبقہ کے لوگوں میں انگریزی زبان کا چلن بالخصوص زور پکڑنے لگا۔ فارسی زبان اور اس سے منسلک محاورہ آرائی کی ساکھ کو ضعف پہنچنے کا خطرہ لاحق تھا، روایتی طرزِ تحریر ملک کے نئے مزاج، معاشرہ کے نئے تقاضوں اور زندگی کے نئے آداب کا ساتھ نبھانے سے قاصر تھی۔ حالات کا تقاضا تھا کہ بول چال کا محاورہ، عوام کی زبان اور منجھی ہوئی شائستہ زبان یعنی مصنوعی ساخت

پرداخت سے مزین ادبی زبان دونوں کو ایک دوسری کے نزدیک لانے اور نئے زمانہ کے مزاج سے ہم آہنگ کرنے کی ضرورت محسوس ہونے لگی تھی۔ غالب نے اس ضرورت کو اچھی طرح بھانپ لیا تھا اور اسے پورا کرنے میں نہایت ہی اہم بلکہ بے نظیر رول ادا کیا اور اپنے زورِ قلم سے نظم و نثر میں اظہار و ترسیل کی نئی راہیں کھول دیں:۔

جو یہ کہے کہ ریختہ کیوں کہ ہو رشکِ فارسی
گفتۂ غالب ایک بار پڑھ کے اُسے سُنا کہ یوں

سیاسی نقطۂ نگاہ سے بھی یہ دَور کم پُر آشوب نہیں تھا۔ برسوں کی طوائف الملوکی نے علاقائی راجاؤں کی باہمی سر پھٹول نے ملک بھر میں قیامت برپا کر رکھی تھی۔ ایسٹ انڈیا کمپنی کی تجارتی اور توسیعی سیاسی سیلِ زوریاں انتہا کو چھونے لگی تھیں۔ انگریز شاہی کے پو بارہ تھے۔ مغل سلطنت دم توڑ رہی تھی، غالب کی اُمید گاہ "دلی کی سرکار" کا آخری چراغ خود غالب کی آنکھوں کے سامنے گُل ہوا تھا، دلی کی بربادی غالب نے اپنی نمناک آنکھوں سے دیکھی تھی۔ اور وہ وقت بھی دیکھا تھا جب مرزا کو زندہ رہنے کی خاطر چار و ناچار انگریزی سامراج کے چڑھتے سُورج کی مدح سرائی کا دم بھرنا پڑا تھا۔ غمِ جاناں اور غمِ دوراں کا درد انگیز مرقع مرزا غالب کی زندہ جاوید ادبی کاوشیں، خاص طور پر خطوط و رقعات اس ثقافتی، لسانی، معاشرتی، سیاسی اور ملکی افراتفری اور بے حالی کی منہ بولتی تصویریں ہیں۔ غائر نظر سے دیکھا جائے تو انشا پردازی پر اپنی غیر معمولی قدرت کو غالب نے محض اظہارِ ذات کا وسیلہ نہیں مانا بلکہ اسے وقت کے زیر و بم کا بیرومیٹر اور سماج کی رفتار و ترقی کا درپن بھی بنایا۔

غالب کی تحریروں میں ایک نہایت تیز فہم، زندہ دل اور حساس شخصیت سانس لے رہی ہے۔ لفظوں کے پردوں کے پیچھے سے وقت کے دوراہے پر کھڑا ہوا ایک ایسا انسان جھانک رہا ہے جو اپنے ماحول سے بیزار ہے لیکن اپنی

فطرت وفطانت سے مایوس نہیں جو بظاہر اپنے معاشرے کی طرح بے بس اور مجبور ہے مگر جس کی شاداب طبیعت سے ظرافت اور بذلہ سنجی کے چشمے پھوٹتے ہیں۔ رکھ رکھاؤ میں پھبتیاں کسنا جس کا شیوہ ہے اور بے سرو سامانی میں بھی قہقہے لگانا جس کا وطیرہ ہے۔ جس کی بات بات میں اٹکھیلیاں اور فقرے فقرے میں شوخیاں ہیں۔ اس ستم دیدہ ستم ظریف کی قلمکاری کے چند تیور ملاحظہ کیجئے اور اس کی بے پناہ زندہ دلی کی داد دیجئے:۔

دھوپ بہت تیز ہے۔ روزہ رکھتا ہوں، مگر روزہ کو بہلاتا رہتا ہوں۔ کبھی پانی پی لیا، کبھی حقہ پی لیا، کبھی کوئی ٹکڑا روٹی کا بھی کھا لیا۔

مرنے سے نہیں ڈرتا۔ فقدانِ راحت سے گھبرا گیا ہوں۔ چھت چھلنی ہوگئی ہے۔ ابر دو گھنٹے برسے تو چھت چار گھنٹے برستی ہے۔...

قصہ مختصر وہ اَن کا کال تھا کہ مینہ نہ برسا، اناج نہ پیدا ہوا۔ یہ پانی کا کال ہے۔ پانی ایسا برسا کہ بوئے ہوئے دانے بہہ گئے۔

غلہ گراں ہے، موت ارزاں ہے، میوہ کے مول اناج بکتا ہے۔

میرا حال مجھ سے کیا پوچھتے ہو؟ ایک آدھ دن میں ہمسایوں سے پوچھنا!

غالب کے مکاتیب، جیسا کہ اوپر ذکر آیا ہے، غمِ جاناں اور غمِ دوراں کا ایک دردانگیز مرقع، ایک حسرت آگیں البم ہے۔ ان میں ذاتی تاثرات، شکوے شکایات کے علاوہ سماجی کرب کی بھی تصویرکشی کی گئی ہے۔ نثر نگار غالب کو ظاہر اور باطن، باہر اور اندر کی ہر کسک کو ہو بہو مگر دلفریب پیرائے میں صفحۂ قرطاس پر اُتارنے کا سلیقہ ہے۔ وہ اقتباس اور سُنئے اور سر دُھنئے:۔

"حکمت اور سلطنت اور شاعری اور ساحری سب خرافات ہے۔ دُنیا میں نامور ہوئے تو کیا اور گمنام جیے تو کیا؟ کچھ معاش ہو کچھ

صحتِ جسمانی، باقی سب وہم ہے اے یارِ جانی! اگر چہ وہ بھی وہم ہے، مگر میں ابھی اسی پائے پر ہوں۔ شاید آگے بڑھ کر یہ پردہ بھی اُٹھ جائے۔"

نپے تلے جملے، سیدھی سادی منطق! یاس اور بیزاری کی کیفیت کی، خود شناسی اور خود آگہی کی بے محابا لفظی تصویر کشی اس سے بہتر اور کیا ہوگی؟ زبان کی سادگی اور بیان کی تازگی جادو کی تاثیر رکھتی ہیں۔ زندگی بھر کے تجربے کا نچوڑ یہ نصیحت ہے کہ ذریعۂ معاش اور صحت کی عدم موجودگی میں جینا بیکار ہے۔ اب ایک اور رنگ کا دوسرا اقتباس ملاحظہ ہو اور محسوس کیجیے ایک وطن پرست کا درد :-

"بھائی! کیا پوچھتے ہو، کیا لکھوں؟ دِلّی کی ہستی منحصر کئی ہنگاموں پر ہے۔ قلعہ، چاندنی چوک، ہر روز بازار مسجدِ جامع کا، ہر ہفتہ سیر جمنا کے پُل کی، ہر سال میلہ پھول والوں کا۔ یہ پانچوں باتیں اب نہیں۔ پھر کہو دِلّی کہاں؟ ہاں، کوئی شہر قلمرو ہند میں اس نام کا تھا!"

اندازِ بیان میں ایجاز و اختصار کے باوجود غالبؔ کی تحریروں میں مضمون آفرینی کی کمی نہیں۔ کہیں علم عروض و بلاغت پر بحث چھیڑ رکھی ہے تو کہیں لغت نویسی کے اصول طے ہو رہے ہیں۔ کہیں اساتذہ کے کلام کی تشریح و توضیح ہو رہی ہے تو کہیں شاگردوں کے اشعار پر اصلاح۔ کہیں گرد و پیش کے حالات پر نظر ہے تو کہیں موسم پر تبصرہ۔ کہیں تخیل کے زور سے حقیقت کو افسانہ کیا جا رہا ہے تو کہیں پرانی یادوں کے سب جوہر کے ایک ایک کر کے کھل رہے ہیں۔ کہیں بصیرت افروز نصیحتیں ہیں تو کہیں دل نواز شوخیاں۔ کسی خط پر انشائیہ کا دھوکا ہوتا ہے تو کسی پر مختصر افسانے کا۔ کہیں رپورتاژ کی جھلک ہے تو کہیں تمثیل اور ڈرامائی تاثر کا بانکپن۔ کہنے کو بھی خطوط ہیں مکاتیب

ہیں۔ مگر یہاں بایوگرافی بھی ہے اور تاریخ بھی، آپ بیتی بھی ہے اور جگ بیتی بھی۔ نفسیاتی تجزیہ بھی ہے اور واردات وکردار نگاری بھی۔ طنز ومزاح کی اوٹ میں نکتہ آفرینی اور نکتہ فہمی ہے، زبان دانی، اخلاقیات، نظم ونسق اور تصوف کے مسائل اور اُن کا حل، یہاں کیا نہیں؟ غالب کے مکاتیب مطالعہ کی دھاک اور مشاہدہ کی سند کے بہترین نمونے ہیں، اس پہ طرّہ یہ کہ علمیت کا بلاوجہ رعب اور اَنا کی اندھی عصبیت کا یہاں گزر نہیں۔ البتہ زبان کا چٹخارہ اور مدعا کی گہرائی دونوں پہلو بہ پہلو برابر موجود ہیں۔

مرزا غالب کے خط اصنافِ نثر نگاری کا ایک دل پذیر آئینہ خانہ ہے۔ ان خطوں کی تاریخوں اور ان کے سرناموں پر نہ جائیے کیونکہ یہ سبھی خط اصل میں ایک خط ہے جس کا زیادہ حصہ حال و ماضی سے منسوب ہے اور کچھ مستقبل کے نام لکھا گیا ہے، الفاظ گری کی تہ میں ایک ہی تخلیقی عمل کارفرما ہے، وہی سادگی، وہی پرکاری، سیدھی سادی، صاف ستھری، رواں دواں، پھڑکتی چہکتی عبارت میں معنی خیز باتوں کا لطف اُٹھانے کی تمنا ہو تو غالب کے خطوط پڑھیے!

سر سیّد احمد خاں اور محمد حسین آزاد سے لے کر منشی پریم چند اور کنہیا لال کپور کے دور تک بیسیوں انشا پرداز اور نثر نگار ہو گزرے ہیں اور ان میں سے بیشتر کا اپنا مخصوص رنگ و آہنگ اور نثر نگاری کی تاریخ میں ایک ممتاز مرتبہ اور مقام ہے۔ بعض ایسے بھی ہیں جو اپنے مخصوص میدان میں غالب سے کہیں آگے نکل گئے ہیں، مگر غالب پھر غالب ہے۔ اُس کا کمال یہ ہے کہ ان سب سے پہلے اور برسوں پہلے اُس نے روایت کے چنگل سے آزاد ہو کر مگر مکتوب نگاری کے لوازمات کے دائرے میں رہتے ہوئے انشا پردازی کے اسلوب اور فن کی کم و بیش اُن تمام بلندیوں کو چھو لیا تھا جو بعد میں آنے والے فرداً فرداً ان نثر نگاروں کے کمال کی معراج ٹھہریں۔ غالب کی طرزِ نگارش میں آج بھی وہی تازگی، وہی توانائی، وہی دم خم اور وہی زندگی ہے جس سے سدا بہار آرٹ کی پرکھ اور پہچان ہوا کرتی ہے۔

خامہ انگشت بدنداں کہ اسے کیا لکھیے
ناطقہ سر بہ گریباں کہ اسے کیا کہیے

۶ - حالی کی تنقید نگاری

یہ ایک طے شدہ اور تسلیم شدہ بات ہے کہ خواجہ الطاف حسین حالی پانی پتی ایک رہنما دانشور ادیب تھے۔ اُن کی تخلیقی کاوشوں نے آج سے تقریباً ایک صدی پہلے اُردو ادب کی خصوصاً اُردو شاعری، تذکرہ نویسی اور تنقید نگاری کی دُنیا بدل دی۔ وہ روایت شکن تو تھے ہی، روایت گر بھی تھے۔

شعر گوئی میں حالی نے رنگین بیانی پر سادگی کو ترجیح دی، سادگی بھی ایسی جو نیچرل اور بصیرت افروز ہو۔ اُنہوں نے اُردو غزل کو بدلتے ہوئے وقت کے تقاضوں کا وجدان دیا۔ اور اُردو نظم کو سیاسی بیداری اور سماجی بہبود کے آداب و اطوار سکھائے۔ مرزا غالب کے شاگرد حالی نے اُردو کو نئے دور کے آہنگ اور مسائل سے ہم کنار کیا۔ مشاعرہ کو مناظمہ بنایا اور ایک نئی قسم کی شعر گوئی کے لئے زمین تیار کی۔ نئی شاعری کی طرح ڈالی۔ لاہور کو دِلّی اور لکھنؤ کی طرح شعر و سخن کا مرکز بنایا۔

اسی طرح تذکرہ نویسی کی گھسی پٹی روایت کو حالی نے تحقیقی تیور،

معتبر شعور اور متوازن مزاج دیا۔ واقعات اور واردات کو احتیاط کی چھلنی سے گزارا، چھان پھٹک کر صاف کیا، مناسب ترتیب دی، اور ناپ تول کر انہیں الفاظ کے سانچوں میں ڈھالا۔ شخصیت اور کردار کو ابھرنے نکھرنے کا موقع فراہم کیا۔ پرانی وضع کی لطیفہ گوئی اور داستان سرائی کو خیرباد کہا۔ تذکرہ کو نقد و نظر، بصارت اور بصیرت کا حامل بنایا۔

اب رہی بات تنقید نگاری کی۔ تنقید کو حالی نے ایک تفریحی مشغلہ کی بجائے ایک سنجیدہ فن کا رتبہ دیا۔ اسے نقد و نظر کا حوصلہ دیا، تنقید کو جانچنے پرکھنے اور قدر و قیمت متعین کرنے کا وسیلہ بنایا، اسے نقد کی غیر جانب داری اور نظر کی گہرائی دی۔ فی الحال اتنا کہہ دینا کافی ہے کہ چاہے نظم ہو یا نثر حالی نے جو کچھ بھی لکھا بالمقصد اور بالارادہ، سوچ سمجھ کر، جان بوجھ کر لکھا۔ صاف ستھری زبان میں، متین لہجے، دل نشین پیرائے میں لکھا۔ استدلال اور ادراک پر جذبات کو کم ہی حاوی ہونے دیا۔ مبالغہ اور تعصب سے اوپر اٹھ کر لکھا۔ مضمون کی نوعیت کچھ بھی رہی ہو، واقعات چاہے کتنے ہی ادنےٰ ہوں، معاملات چاہے کتنے ہی اہم ہوں، حالی نے جب بھی ان کا تجزیہ کیا اور جائزہ لیا تو سلاست، صداقت اور استدلال کے دامن کو تھامے رکھا، معقولیت سے ہرگز تجاوز نہ کیا اور ہمیشہ پتے کی بات کہی۔

یہ حالی کے تنقیدی شعور کا کرشمہ ہی تو ہے کہ انہوں نے "حیاتِ سعدی" لکھی تو شیخ سعدی کی عظیم شخصیت اور عظیم تر فکر و فن سے مرعوب نہ ہوئے۔ "حیاتِ جاوید" تحریر کی تو اپنے دوست اور مربی سرسید احمد خاں سے اپنی ذاتی محبت کو، بلکہ ایک گونہ عقیدت کو، حقیقت بیانی پر کسی طرح غالب نہ آنے دیا۔ "یادگارِ غالب" قلمبند کی تو اپنے استاد کے تئیں عقیدت مندی کے جذبے کو صاف گوئی پر حاوی نہ ہونے دیا۔ یہ حالی ہی کا حصہ تھا کہ سیاسی

اُتھل پتھل، سماجی انتشار، ثقافتی صف بندی اور سامراجی غلبہ کے انتہائی طور پر ہیجان پرور دور میں بھی اُنہوں نے اپنی شعری اور نثری تخلیقات کو شدت پسند جذباتیت کی بجائے اعتدال پسندی اور میانہ روی کا آئینہ دار بنایا۔

ملک اور ادب کی تاریخ کے وہ باب جن سے حالی کی شخصیت اور حالی کا کردار وابستہ رہتے نہایت اہم باب ہیں۔ پیچھے نظر دوڑاتے ہیں تو ایسا معلوم پڑتا ہے کہ ایک اندھیرے دور میں خواجہ حالی نے ایک راہنما روشنی کا کردار بخوبی نبھایا۔ اُردو شعر و ادب کو فرسودہ روایات کی بھول بھلیاں سے دیدہ دانستہ باہر نکالا اور نئی راہ پر چلنے کی ترغیب دی۔ "مسدس حالی" اس دور اندیشی اور صدق دلی کی واضح علامت ہے اور ان کا رزمیہ بھی۔

حالی کی طبیعت کا یہ میلان اُن کی تنقید نگاری میں صاف جھلکتا ہے، گو انہیں روایت کی اہمیت کا احساس ہے اور روایت ہی کے زندہ عناصر کو وہ اُجاگر کر کے روایت سے انحراف کے داعی ہیں مگر اُنہیں یہ بھی یقین ہے کہ پُرانی لکیر پیٹتے رہنے سے نئی راہیں نہیں کھُلتیں۔ ادب کو عصری معاشرے کے مزاج سے ہم آہنگ کرتے ہوئے ہی آگے بڑھایا جاسکتا ہے۔ معاشرے اور ادب میں ہمیشہ ہی چولی دامن کا ساتھ رہا ہے، ہر نئی صبح نیا سورج مانگتی ہے اور ہر نیا سورج نئی صبح کا نقیب ہوتا ہے۔

حالی کی غزلیات یعنی دیوانِ حالی پہلی بار ۱۸۹۳ء میں شائع ہوا۔ اس میں کوئی دو سو صفحوں پر محیط ایک طویل مقدمہ یعنی تعارفی دیباچہ بھی شامل تھا۔ یہی دیباچہ آج مقدمۂ شعر و شاعری کے نام سے جانا جاتا ہے۔ بلا دریغ کہا جا سکتا ہے کہ اس مقدمہ کی تاریخی اہمیت اور تنقیدی افادیت کسی طرح بھی انگریز شاعر ولیم ورڈزورتھ کے اُس دیباچہ سے کم نہیں جو لریکل بیلڈز LYRICAL-BALLADS میں درج منظومات کے ساتھ چھپا تھا۔ بنا بریں دونوں حضرات کے دیباچوں کا مطلب ایک خاص رنگ و آہنگ کی شاعری کو فروغ

دینا تھا اور اُس کا جواز پیش کرنا تھا تاکہ روایت سے انحراف کی موثر وکالت کی جا سکے۔ نئی شاعری کو قبولِ عام کا درجہ دلایا جائے (اور اس مقصد میں حالی اور ورڈزورتھ دونوں ہی جلد یا بدیر کامیاب بھی ہو سکے) مگر ایک اہم بات یہ ہوئی کہ ان دیباچوں میں زبان و بیان سے متعلق کچھ ایسے نکتے اُٹھائے گئے، کچھ ایسے مسئلوں کی وضاحت کی گئی تھی کہ اُن نکتوں اور مسئلوں ان کی خوبوں اور خامیوں کے باوجود ادبی حلقوں نے ایک ترقی پذیر اور وقت کے تقاضوں سے ہم آہنگ نظریہ کا سنگِ بنیاد جانا اور مانا۔ نتیجہ یہ نکلا کہ حالی اور ورڈزورتھ اپنے اپنے دور میں اپنے اپنے دیباچوں کی بنا پر ایک جدید شعری اور ادبی انقلاب کے محرک بنے۔ صراحت کے لئے یہ کہنا بے جا نہ ہوگا کہ اُردو شاعری میں جس انقلاب کی ابتدا حالی سے ہوئی تھی اقبال اُسی کی انتہا ہیں۔

حالی کا مقدمہ شعر و شاعری ایک اور لحاظ سے بھی اہمیت کا حامل ہے۔ اس تصنیف سے پہلے تنقید نام کی کوئی مربوط اور باضابطہ شے اُردو زبان میں گویا تھی ہی نہیں۔ نقد و نظر کے نہ کوئی اصول متعین تھے اور نہ معیار۔ ذاتی پسند اور ناپسند، دوست داری اور دشمنی وغیرہ کو شعر کی پرکھ کا پیمانہ مانا جاتا تھا۔ اس قسم کی بلامعیار و عیار کی تنقید تذکروں اور تقریظوں میں محفوظ ہے۔ ان میں سے کچھ فارسی میں ہیں اور چند ایک اُردو میں۔ حالی کے معاصر اور اُردو کے ایک اور محسن محمد حسین آزاد کی آبِ حیات کم و بیش پرانی طرز کے تذکروں کی ایک جدید اور قدرے بہتر تصنیف ہے۔ تذکرہ نگار عموماً تنقید کے فن سے نابلد نظر آتے ہیں، اُنہیں تنقید نگار کہنا غلطی ہے۔ اصل میں شعر گوئی کو لطیفہ بازی اور تفریحِ طبع کا سامان سمجھنے والے تذکرہ نگاروں کی تنقیدی بساط اور کائنات محض واہ واہ کہنے یا محض کھلی اُڑانے تک ہی محدود رہ سکتی تھی۔ اس لئے اُن سے یہ توقع کرنا کہ وہ تنقیدی محاسبہ کریں،

کسی ادب پارے کی صحیح قدر و قیمت کا اندازہ کریں نامناسب لگتا ہے۔ تذکرہ نگاری کی غرض ہی یہ تھی کہ تذکرہ نگار اپنی جانب داری کا جی بھر کر مظاہرہ کر سکے فرصت تھی کہ یہ دیکھے کہ جن الفاظ میں تعریف یا مذمت کی جا رہی ہے اُن کی حقیقتِ حال سے کوئی مناسبت بھی ہے کہ نہیں۔

محض ایک سرسری جائزہ لیا جائے، ایک طائرانہ نظر دوڑائی جائے تو بھی یہ ثابت ہو جائے گا کہ حالیؔ سے پہلے اُردو میں تنقید کی دُنیا محدود مقصور کے جھمیلوں، زبان و محاورہ کی صحت اور اسناد کی فراہمی تک ہی محدود تھی۔ حالیؔ نے پہلی بار شعر و شاعری سے متعلق امور پر کم و بیش ساٹھ عنوانوں کے تحت 'مقدمہ' میں سلسلہ وار بحث کی، عملی تنقید کے بیش قیمت مثالی اور معیاری نمونے پیش کیے۔ اس ضمن میں حالیؔ کی کوشش شعوری، باضابطہ اور مربوط و منضبط تھی۔ یہاں تک کہ اپنے تحریر کردہ تذکروں میں بھی حالیؔ نے تشریح و توضیح، تحقیق و توثیق کا حق حتے الوسع دیانت داری سے ادا کیا ہے۔

لیکن یہ سچ ہے کہ علمی یا خالص نظریاتی تنقید میں حالیؔ کو بنیادی نقاد ORIGINAL CRITIC نہیں کہا جاسکتا۔ اُن کے بیشتر نظریات اور خیالات استفادہ کیے ہیں، وجدان کے نہیں۔ اُن کی تنقیدی تحریروں میں ایک واضح جمالیاتی نظریہ کی کمی کھٹکتی ہے۔ اس لحاظ سے وہ نہ کروچے ہیں نہ ٹالسٹائی، نہ آئی۔ اے رچرڈز اور نہ ٹی۔ ایس ایلی اُٹ۔ پھر بھی اس میں شک کی گنجائش نہیں کہ حالی کا تنقید نگاری کے فن کا تقابلی مطالعہ خاصہ وسیع ہے۔ موضوع چاہے شعر کی ماہیت کا ہو یا شعر اور معاشرے کے رابطے کا، بات چاہے وزن و قافیہ کی ہو یا تخیل و مبالغہ اور نیچرل شاعری کی، الفاظ و معنی کا باہمی رشتہ زیر بحث ہو یا اصناف و اقسامِ شاعری، حالی قدیم و جدید مشرقی اور مغربی ناقدوں، مفکروں اور شاعروں کی کتابوں اور کلام سے بھرپور حوالے دیتے ہیں اور نہایت ہی دلچسپ پیرائے میں اپنی بات کہہ جاتے ہیں۔ اُنہیں اپنے ماخذوں سے پورا پورا فائدہ اُٹھانا اور

استفادہ کرتا آتا ہے ۔ اور حالی کے خیالات کو پڑھتے وقت ایسا لگتا ہے جیسے انہیں ان سب سے گہری شناسائی ہو ۔

مگر جہاں بات عملی یا اطلاقی تنقید کی آتی ہے حالی اپنی تمام صلاحیتوں کو کماحقہٗ 'بروئے کار' لاتے ہیں' وہ عملی تنقید کے مردِ میدان ہیں ۔ اور اپنی غیر معمولی اطلاعات کی بنا پر اپنے ماحول' اپنے زمانہ اور خود اپنی معلومات کی سرحدوں کو یہاں وہاں پھلانگتے ہوئے نظر آتے ہیں ۔ عملی تنقید کا مادہ اور شعور حالی کی جبلت کا حصہ ہے ۔ مولانا شبلی نے حالی کو گہرے کنوئیں سے تعبیر کیا ہے اور ان کی دقیقہ رسی اور نکتہ سنجی کو کمالِ اجتہاد کی دلیل تسلیم کرتے ہوئے حالی کی ناقدانہ عظمت کو سراہا ہے ۔ مرحوم پروفیسر کلیم الدین احمد کی رائے میں حالی صرف اردو تنقید کے بانی ہی نہیں بلکہ اس وقت اردو کے بہترین نقاد بھی ہیں ۔

نظریاتی اور اطلاقی تنقید کی وضاحت کے لئے دو اقتباس ملاحظہ ہوں ۔ پہلے اقتباس میں تنقید کے بانی حالی نیچرل شاعری کی تعریف کرتے ہوئے لکھتے ہیں :۔

" لفظاً نیچر کے موافق ہونے سے غرض ہے کہ شعر کے الفاظ اور ان کی ترکیب وبندش تا بمقدور اس زبان کی معمولی بول چال کے موافق ہو جس میں وہ شعر کہا گیا ہے ۔ ۔ ۔ ۔ معناً نیچر کے موافق ہونے سے یہ مطلب ہے کہ شعر میں ایسی باتیں بیان کی جائیں جیسی کہ ہمیشہ دنیا میں ہوا کرتی ہیں یا ہونی چاہیئیں "

ظاہر ہے کہ حالی کسی دوسرے مصنف (ورڈز ورتھ) کی تحریر کا چربہ اتار کر اردو میں پیش کرنے کی کوشش کر رہے ہیں ۔ ترجمہ برا نہیں مگر اسے نیچرل شاعری کے ضمن میں تنزیہی تعریف کا درجہ نہیں دیا جا سکتا ۔ تعریف اتنی صاف ' نمایاں اور جامع نہیں ہے ۔ جتنا کہ اسے ہونا چاہیئے تھا ۔ مگر اس کے برعکس جب اپنے تصور کا اطلاق کرتے ہیں تو وہی حالی واقعی ایک بہترین نقاد کا رول ادا کرتے ہیں ۔ اپنے مندرجہ بالا عندیہ کی توضیح کرتے ہوئے حالی لکھتے ہیں :۔

"اگلوں نے عشقِ الٰہی یا محبتِ روحانی کو مجازاً شراب کے نشہ سے تعبیر کیا تھا۔ رفتہ رفتہ وہ اور اُس کے تمام لوازمات اپنے حقیقی معنوں میں استعمال ہونے لگے۔ یہاں تک کہ مشاعرہ بلا مبالغہ کلال کی دکان بن گئی۔ ایک کہتا ہے لا، دوسرا کہتا ہے اور لا، تیسرا کہتا ہے پیالہ نہیں تو اوک ہی سے پلا۔ کچھ بہک رہے ہیں اور کچھ بنکار رہے ہیں۔ کوئی واعظ پر پھبتی کہتا ہے، کوئی واعظ کی داڑھی پر ہاتھ پھیکاتا ہے، کوئی شیخ کی پگڑی اُچھالتا ہے۔ جدھر دیکھو العطش، العطش کی پکار ہے!"

حالی کی تنقید نگاری خصوصاً اطلاقی تنقید نگاری ایک سنگِ میل کی حیثیت رکھتی ہے۔ اس کی تاریخی اہمیت سے انکار کرنا حقیقت سے منہ موڑنے کے مترادف ہوگا، تنقید نگار حالی کی عظمت کا اعتراف نہ کرنا بھی بہت سنگین قسم کی ادبی بد دیانتی ہوگی۔ اس میں شک نہیں کہ مشرق اور مغرب میں تنقید نگاری ایک باقاعدہ فن اور فلسفہ کا درجہ حاصل کر چکی ہے۔ خود اردو ادب میں کئی قد آور ناقد سامنے آئے ہیں جن کا مرتبہ بلند ہے مگر حالی کی تنقید دل میں سیکھنے سکھانے کے لئے اب بھی بہت کچھ ہے اور حالی کا یہ دعوے صرف شاعرانہ تعلّی نہیں ہے بلکہ ایک کھلی حقیقت ہے:-

مال ہے نایاب، پر گاہک ہیں اکثر بے خبر
شہر میں کھولی ہے حالی نے دکان سب سے الگ

۷۔ پنجابیت نگار بیدی

راجندر سنگھ بیدی [پ ۱۹۱۵ء۔ و ۱۹۸۴ء] اُردو کے ایک بہت اہم افسانہ نگار اور بہت حساس فن کار ہیں۔ اہم اس لئے کہ ان میں بنی بنائی سیدھی راہ پر چلنے کا عمل نہیں . . . . آزادہ روی اور غیر مشروط طرزِ ادا اُن کے فن کی بنیادیں ہیں (نثار مصطفےٰ)۔ اُنھوں نے اپنے فکر و فن کی راہیں آپ بنائی ہیں، اور اپنی افسانہ نگاری کو منشی پریم چند جیسے عہد ساز افسانہ نویس کی مستند اور مقبول روایت کا اندھا مقلد بن جانے سے بچائے رکھا۔ وہ پریم چند کو ایک بڑا افسانہ نگار تسلیم کرتے ہیں۔ مگر اُنہیں یہ کہنے میں رتی بھر تامل نہیں ہے کہ پریم چند اُسی طرح بڑے افسانہ نگار ہیں جس طرح ہر بیٹے کا باپ بڑا ہوتا ہے۔ نیز یہ کہ بیسویں صدی کا وہ ذہنی خلفشار پریم چند کے یہاں نہیں ملتا جو منٹو، عصمت اور کرشن چندر کے یہاں ملتا ہے۔ بیدی اس . . . . اہم ہیں کہ اپنے ہمعصروں کے مقابلے میں بیدی کی اپنی فکر میں زیادہ گہرائی اور گیرائی ہے۔ تصورِ حیات بھی زیادہ پختہ، زیادہ وسیع اور زیادہ واضح ہے۔ بیدی کی قدر و منزلت کا یہ عالم ہے کہ اُنہیں ترقی پسند حلقوں اور جدیدیت

کے طرف داروں میں برابر کی مقبولیت حاصل ہے۔ شاید اس کی توجیہہ یوں کی جا سکتی ہے :-

بیدی کا مبدائے فیض خود زندگی ہے۔ وہ زندگی جو عام ہے جس پر کسی کا اجارہ نہیں، وہ زندگی جو تغیر پذیر ہے، جسے کوئی ایک عقیدہ، کوئی ایک نظریہ حتمی طور پر اپنی گرفت میں نہیں لے سکتا اور وہ زندگی جو کسی قسم کی مذہبی یا نظریاتی کٹھ ملائیت کی مرہونِ منت اور دست نگر نہیں ہے۔ بقول بیدی، ادب تحریکوں کا قطعاً پابند نہیں، یہ الگ بات ہے کہ کسی عقیدہ کی حامل ہو جانے کی وجہ سے آپ کی تحریر اس سے متاثر ہو، لیکن آپ کی جو تجربہ گاہ ہے یعنی آپ خود، اس میں سے چھن کر کیا چیز آتی ہے، وہی سچا ادب ہے۔

تخلیقِ ادب کے معاملے میں بیدی "چشمۂ بد دُور" کے قائل ہیں، بحیثیت ایک فنکار وہ حقائق کو اپنے اپنے زاویۂ نگاہ سے دیکھنے پرکھنے، بیان کرنے اور سمجھنے کی آزادی کے حق میں ہیں۔ چنانچہ وہ ایک جگہ پر خود ہی سوال اُٹھاتے ہیں کہ میرے اعتقادات کیا ہیں؟ اور خود ہی جواب دیتے ہیں :-

> مجھے کسی دھرم گرنتھ کی ضرورت نہیں کیوں کہ ان متروک کتابوں سے اچھی میں خود لکھ سکتا ہوں ... میں نے ہرے ہرے پتوں اور چنبیلی کے پھولوں سے باتیں کی ہیں اور ان سے جواب لیا ہے۔ میں کاگ بھاشا جانتا ہوں۔ میرا کتا مجھے سمجھتا ہے اور میں اُسے۔ مجھے کسی حقیقت، کسی موکش کی ضرورت نہیں۔ اگر حقیقت کو میری ضرورت ہے تو میں سمجھتا ہوں کہ وہ ماضی اور مستقبل سے بے نیاز، مکمل سکون کے کسی بھی لمحے میں مجھے اپنے آپ ڈھونڈ لے گی۔ ....

ظاہر ہے زندگی کا آئینہ دار بیدی کا یہ فن افسانہ نگار راجندر سنگھ بیدی کو اعتقاد اور نظریہ کی عصبیت سے پاک اور خود زندگی کی سچائی کے مانند بے باک

ہونے کا داعی بناتا ہے۔ زندگی اور فن کو ایک دوسرے کے اتنا قریب بے آنا جتنا اپنی تخلیقات میں — افسانوں، ڈراموں، مزاحیوں، فلموں، خطوں اور ناول میں — بیدی لا سکے ہیں ہر ایک کے بس کی بات نہیں۔ خارجی حقائق کی پیچیدگی اور باطنی اضطرابوں کی شدت کے باوجود، سادگی اور پُرکاری کے مصداق عام وارداتوں کو کثیر الابعاد بنا دینا، بظاہر عام سے افسانوں کو رمزیاتی، اشاراتی اور علاماتی کردار کا حامل ٹھہرانا بیدی کی بے نہایت فن کاری کا اعجاز ہے۔ آل احمد سرور رقمطراز ہیں کہ

> بیدی کہانی لکھتے ہیں۔ نہ سیاست بگھارتے ہیں، نہ فلسفہ چھانٹتے ہیں، نہ شاعری کرتے ہیں، نہ موری کے کیڑے گنتے ہیں۔ عام زندگی، عام لوگ، عام رشتے ان کے افسانوں کے موضوع ہیں۔ مگر ان میں وہ ایسی طاقت اور توانائی، زندگی اور تابندگی، معنویت اور انفرادیت بھر دیتے ہیں کہ ذہن میں روشنی ہو جاتی ہے۔ ان کے یہاں اسطورہ سازی اور جنس کی واقعی اہمیت ہے۔ مگر اس سے زیادہ اہمیت زندگی کے وژن کی ہے۔ . . . . بیدی نے اردو افسانے کو پورا آدمی دیا ہے جو بہت پست اور بہت بلند ہے لیکن جس کا علم اس لئے ضروری ہے کہ آدمی اپنی آدمیت اور انسانیت دونوں کا عرفان حاصل کر سکے۔

بیدی کا وژن کیا ہے؟ یہ حساس اور باشعور فنکار کا وژن ہے۔ بیدی اپنے گرد و پیش کے مسائل، خارجی حقائق، زمان و مکان میں پیدا ہونے والے نت نئے ہنگاموں سے آشنا ہیں۔ اُن کی تخلیقات موجودہ خارجی اور باطنی شکست و ریخت کی ہی شیرازہ بند نہیں ہیں بلکہ یہ اُس اُبھرتی ہوئی امکانی حقیقت کی بھی غماز ہیں جو پردۂ غیب سے باہر نکلنے کے لئے بے تاب ہے بگر جس کا ادراک اور شعور کٹھن تپسیا کے مشابہ ہے۔ اسے پانے کے لئے وہ بصیرت، وہ نگاہ

درکار ہے جو زمان و مکان کے وجود کو چیر کر آگے نکل جائے۔ اس نوعیت کی وجدانی بصیرت بیدی کے حصے میں وافر ہی آئی ہے، کہنے کا مطلب یہ کہ بیدی نہ صرف صورت و صوت کی سطح تک زندگی کے امور و عوامل سے متعارف ہیں بلکہ وہ تو زندگی کے ماورائی نقد و نظر کے وجدان سے بھی خوب بہرہ مند ہیں۔

فن کار بیدی کی ذات مشاہدہ اور عرفان کی آماجگاہ ہے۔ بصارت و بصیرت کا، خارجی اور داخلی صداقت کا ایک انوکھا اور بامعنی امتزاج ہے۔ بیدی جن حقیقتوں کے تماشائی ہیں اُن کے تماشا گر بھی ہیں، اور فن کار بیدی "لوکاچ کی اصطلاح میں انتقادی حقیقت نگاری CRITICAL REALISM کے زیادہ قریب ہیں۔" (اصغر علی انجینئر)۔

بیدی کا نظریہ ہے کہ فن کار کا حساس ہونا اُس کی بنیادی خوبی ہے، خواہ وہ پیدائشی طور پر حساس ہو یا کسی عصبی بیماری کی وجہ سے۔ باقی سب عرق ریز اور مشق ہے۔ بیدی کی حساسیت کا یہ عالم ہے کہ اُنہیں عام گفتگو کے کسی فقرے یا عام راستہ کے کسی موڑ پر ایک ایسا افسانہ دکھائی دے جاتا ہے جس کا عام آدمی کو گمان بھی نہیں ہو سکتا۔ اپندر ناتھ اشک کے بقول منٹو نے بیدی کو ایک خط میں شکایت کی تھی کہ بیدی تمہاری مصیبت یہ ہے کہ تم سوچتے بہت زیادہ ہو۔ معلوم ہوتا ہے کہ لکھنے سے پہلے سوچتے ہو، لکھتے ہوئے سوچتے ہو، اور لکھنے کے بعد بھی سوچتے ہو۔ اور بیدی نے جواباً کہا تھا کہ منٹو تم میں ایک بڑی عادت ہے اور وہ یہ کہ تم نہ لکھنے سے پہلے سوچتے ہو اور نہ لکھتے وقت سوچتے ہو اور نہ لکھنے کے بعد سوچتے ہو۔

پیرایہ چاہے طنزیہ ہے لیکن بیدی کے ردِ جواب RETORT میں اقرار کا پہلو مخفی ہے اور وہ یہ کہ تخلیقی عمل میں فکری و فنی انہماک کا ہونا

ضروری ہے۔ بیدی کی فطری حساسیت، اکتسابی عرق ریزی اور مشق کوشی کا ثمرہ یہ ہے کہ تمر رئیس کی نظر میں بیدی کی پچاس سالہ تخلیقی زندگی کے فی برس کی اوسط سے کل چالیس صفحات کو ادب کی میزانِ قدر پر تولا جائے تو اس کا وزن اُن کے کسی معاصر کے چار سو صفحات سے کم نہیں ہوگا۔ اور اس پر طرّہ یہ کہ بیدی نے اپنے تخلیقی دفور، آہنگ اور تموّج کو نہ صرف یہ کہ نصف صدی کی طویل مدت تک قائم رکھا بلکہ بدلتی ہوئی زندگی اور تخلیق کاری کے نئے تناظر کی آگہی سے اس کی جمال آفرینی کو فزوں تر بنایا۔

بیدی کی تخلیقی زندگی کا آغاز ۱۹۳۲ء میں طالب علمی کے زمانے میں ہوا۔ اُنہوں نے محسن لاہوری کے نام سے انگریزی، اُردو اور پنجابی (بحروف اُردو) میں نظمیں اور کہانیاں لکھیں جو رسالوں میں شائع ہوئیں۔ مگر ان میں سے کسی کو بھی بیدی کے کسی مجموعے میں شامل نہیں کیا گیا۔ ۱۹۳۶ء میں "دانہ ودام" کی اشاعت سے ۱۹۸۲ء میں "مکتی بودھ" کی اشاعت تک بیدی کا تخلیقی سفر ہر لحاظ سے ایک غیر معمولی کارنامہ ہے۔ جس موضوع کو اُنہوں نے اپنے قلم سے چھوٗ دیا اُس میں ایک جادواں کیفیت پیدا ہو گئی۔ موضوعات کے انتخاب میں تنوع و جدت، طرزِ نگارش میں تازگی و ندرت۔ بیدی کو نہ روایتی اندازِ تحریر پسند ہے نہ رومانی مثلث نگاری میں کوئی دلچسپی ہے۔ الفاظی شاطگی سے اُنہیں سروکار نہیں۔ وہ ایک محتاط آرٹسٹ ہیں۔ اپنے آپ کو بھی کم ہی دہراتے ہیں۔ وہ حیات پرست اور حیات نگار ہیں۔ اُن کا فن اختصار و جامعیت کا فن ہے۔ ناگفتہ بہ خارجی عوامل کی یورش اور نتیجتہً "کربِ ناپیدا کنار کے زیرِ اثر بیدی کا فنی عمل مظاہر میں پھیلنے کی جگہ داخل و درون میں سمٹنے کا عمل ہے۔" (نثار مصطفےٰ)۔

بیدی نے چیخوف سے متعلق کہا تھا کہ چیخوف زندگی کی باتیں کرتا ہے اور زندگی کا ایک ٹکڑا یوں کر کے آپ کے سامنے رکھ دیتا ہے۔

کم وبیش یہی بات بیدی پر بھی صادق آتی ہے۔ بیدی کی تخلیقی حس بہت نازک اور زود رس ہے۔ وہ عام چلتی پھرتی، سیدھی سادی زندگی میں معمول کے واقعات اور سطحی واردات میں کروٹیں لیتا ہوا کوئی نیا افسانہ دیکھ لیتے ہیں۔ حالات کی بے دردی اور مجبوری، اور مصائب و آلام کی ارزانی کو وہ اس شدت سے محسوس کرتے ہیں، جیسے کوئی ان کی کھال کھینچ کر انہیں نمک کی کان سے گزار رہا ہو۔

لیکن چونکہ بیدی کا فنی احساس باشعور اور باخبر ہے یا یوں کہو کر تخلیقی سطح تک آتے آتے یہ احساس باشعور اور باخبر بن جاتا ہے اس لئے بیدی ہمیشہ زندگی کی مثبت قدروں سے، سماجی تقاضوں سے وابستہ رہتے ہیں۔ فکری اعتبار سے دیکھا جائے تو انسان کی جبلی معصومیت بیدی کے افسانوں کا بنیادی موضوع ہے (محمد حسن)۔ اس جبلی معصومیت کا احساس بیدی کی سرشت کا جزو لاینفک ہے۔ اور قدرتی بات ہے کہ بیدی کے افسانوں میں انسان کا جو تصور ابھرتا ہے وہ بنیادی طور پر اس مٹی سے بنا ہے جسے پنجاب کہا جاتا ہے۔ بیدی کے بیشتر افسانے پنجابی بھولے پن کی (جس کا بقول بیدی رہسیہ ہی یہ ہے کہ کوئی رہسیہ نہیں) مختلف صورتیں ہیں اور ہر صورت کے کئی گوشے، کئی پہلو ہیں، منہ بولتی تصویریں ہیں۔

مثال کے طور پر چھوٹی چھوٹی حسرتیں اور مسرتیں، چھوٹے چھوٹے دکھ درد اور ارمان، یونہی سی محرومیاں، معذوریاں اور پستیاں بیدی کی کہانی کا مرکز و محور بن جاتی ہیں۔ ایک چھوٹا سا نفسیاتی موڑ TWIST کہانی کے مزاج کو کچھ سے کچھ بنا دیتا ہے۔ ماحول کا رنگ بدل دیتا ہے۔ ایک بے ضرر سے وہم (ارجان کے جوتے) یا ایک بے خطر سے رواج یا رسم کی پاسداری (نامراد) کہانی کی پرسکون یا کم از کم اطمینان بخش فضا کو اچانک مکدر کر دیتی ہے۔ بادی النظر میں سپاٹ سی سادگی مگر اصل میں طرح دار پرکاری بیدی کی افسانہ نویسی کا طرۂ امتیاز ہے۔

بیدی کے افسانوں میں نقطۂ عروج کے غیر متوقع افشا سے قاری بیزار

نہیں ہوتا، وہ ناحق چونکتا بھی نہیں، حیرت میں بھی گم نہیں ہوتا کہ کیا تھا اور کیا ہو گیا! اُسے کچھ بھی تو غیر واقعی، غیر منطقی نہیں لگتا۔ اور اب نقطۂ عروج کی بلندی سے جب وہ کہانی کے زیر و بم کا، نشیب و فراز کا جائزہ لیتا ہے تو پہلی نظر ہی اُسے افسانہ نگار کو جی بھر کر داد دینے پر قائل کر لیتی ہے کیونکہ اُسے محسوس ہوتا ہے کہ افسانہ نگار نے کسی بھی مرحلہ پر واقعاتی صداقت کا دامن نہیں چھوڑا اور قاری فوراً یہ سوچنے پر مجبور ہو جاتا ہے کہ کہانی کتنی سچی ہے، کس قدر زندہ ہے! کہانی کا مجموعی تاثر کچھ بھی ہو، وہ اس حقیقت کو جھٹلا نہیں سکتا۔ یہ تاثر خواہ کرب آگیں اور فکر انگیز ہو [کوارنٹین۔ کوکھ جلی۔ لاجونتی] یا ستم ظریفانہ [بھولا۔ رحمان کے جوتے۔ غلامی۔ گالی]، خواہ طنز آمیز [من کی من میں۔ منگل اشٹکا۔ حجام الہ آباد کے۔ پھمن]۔ کہانی چاہے غیر ماجرائی ہو [ہم دوش۔ دس منٹ بارش میں] یا شعور کی رَو STREAM OF CONSCIOUSNESS پر مبنی [ردِ عمل۔ موت کا راز] یا استعاراتی و علامتی [گھر بازار میں۔ یوکلپٹس۔ اغوا] یا تمثیل نگاری کا نمونہ [لمبی لڑکی۔ متھن۔ صرف ایک سگرٹ] یا لاشخصی کردار کی حامل [لمس۔ لاروے] بیدی کا فن تنقیدی حقائق نگاری کا حامل ہے۔

کہانیاں تو خیر پھر کہانیاں ہیں اُن کے عنوان قاری کے تجسس کو ہوا دیتے ہیں اور مرکزی تھیم (THEME) کی علامت کا کام کرتے ہیں اور ایک ایک کر کے اُس کے ذہن کی کھڑکیاں کھلنے لگتی ہیں۔ اُسے ایسے محسوس ہونے لگتا ہے جیسے وہ کسی وجدانی انکشاف کے عمل سے دوچار ہو!

کنہیا لال کپور نے یونہی تو نہیں کہا تھا کہ بیدی تھیم کا بادشاہ ہے۔ غائر نظر سے دیکھا جائے تو بیدی کے افسانے کردار و واردات کے افسانے نہیں، خیال و مضمون و فضا نگاری کے افسانے ہیں۔ بظاہر بے ربط اور اصل موضوع سے ہٹی ہوئی جزئیات کا اندر جال بنتے چلے جانا اور

اُس خیال یا مضمون کو جو اُس کے دماغ میں کسی لفظ یا فقرہ، محاورہ یا کہاوت یا لوک گیت کے ذریعے گھس گیا ہے اور وہیں گڑ گیا ہے، دھنس بس گیا ہے، اُسے تہ در تہ جزئیات کے اس گورکھ دھندے کی مدد سے پڑھنے والے پر سہج سے منکشف ہونے دینا بھی بیدی کے فن کا کمال ہے۔

افسانے ہی کیوں بیدی کا ناولٹ "ایک چادر میلی سی" مزاحیہ خاکے اور دیگر مضمون بھی اپنی اپنی جگہ پر تھیم کی گرہ کشائی کی من میں بیٹھے ہوئے خیال کے انکشاف کی منہ بولتی تصویریں ہیں۔ اجزائے پریشان کے تار و پود سے ایک افسانہ کی فضا کی کشیدہ کاری بیدی کے فن کی امتیازی شان ہے۔

چونکہ بیدی فطرتاً پنجاب کی دھرتی کے مذاق سے سرابور ہیں، اُن کے یہاں لفظوں کے نمائشی آب و رنگ اور محض جذباتیت کی فراوانی سے نمود میں آنے والے کورے چٹخارے نہیں ہیں۔ احساس کا خلوص جو پنجاب کی دھرتی کا عطیہ ہے اور فکر کی تازگی جو بیدی کی سرشت میں ہے، ان دونوں کی بھرپور عمل پیرائی بیدی کی تخلیق کو پُر تاثیر بنا دیتی ہے۔ یہ ایک ایسا فن پارہ بن جاتا ہے جو جذبات کی رَو اور دل کے گداز سے معمور ہے اور بصیرت کی تابانی نے روشن ہے جو فرد اور سماج کے پُر پیچ رشتوں اور انسان کی شخصیت کے دلچسپ اور پُر اسرار تانے بانے کا شیرازہ بند ہے۔

جس نفسیاتی بے چارگی، توہماتی دل بستگی، تصوراتی کشاکش، طبقاتی پرخاش کی کشمکش، اور جن تواریخی تقاضوں اور سماجی اقدار کے تناؤ کا اظہار بیدی کی تخلیقات میں ہوا ہے اُس کا تعلق انسان کی عام زندگی سے ہے۔ اور جس ہمدردانہ لیکن فنی طور پر غیر جانبدارانہ رویے کو افسانہ نگار نے اپنایا ہے اُس سے صاف ظاہر ہے کہ بیدی بنیادی معنوں میں انسان دوست ہیں۔ اُن کے افسانے ہمہ گیر انسان دوستی کا مرقع ہیں۔ عام انسان کی زندگی اور جس معاشرے میں وہ زندگی بسر کرتا ہے اُس میں موجود تضادات و بوقلموں خیالات کا آئینہ ہیں،

شخصی اور معاشرتی رشتوں کے ٹوٹنے جڑنے کے لامتناہی چکر کا انعکاس ہیں۔

بیدی کی یہ انسان دوستی ایک مخلص پنجابی کی انسان دوستی ہے۔ یہ محض تصور و تفکر، تجرید و تعمیم کی حد تک ہی معتبر نہیں ہے بلکہ اسے بیدی کے وجدان کی سند بھی حاصل ہے۔ اور اس وجدان کی تشکیل میں عصری آگہی، مکانی رشتوں اور آفاقی شعور کا بہت بڑا ہاتھ ہے۔ عام انسان کی مزدور، کسان، یکے والا، منشی، کلرک، فوٹو گرافر، ایڈیٹر، گھر والا اور گھر والی کی سہ زندگی کی رنجشیں، آویزشیں، محبتیں اور ایسے ہی دوسرے بے شمار رشتے تخلیقِ فن میں بیدی کی ترجیحات پر اثر انداز ہوئے ہیں [قمر رئیس]۔ بیدی کا مشاہدہ گہرا ہے اور تجربہ قابلِ اعتبار۔ چاہے یہ واقعاتی سطح کا ہو چاہے تخیلی سطح کا۔

واقعاتی زندگی کی پرواز محدود اور کم محدوش ہوا کرتی ہے۔ لیکن یہی پرواز تخیل کی ہم سفری میں لامحدود اور بے باک بن جاتی ہے۔ ایک سیالکوٹی، لاہوری یا پنجابی فنکار کا مشاہدہ، مطالعہ و تجربہ پوری انسانی برادری کا مشاہدہ و مطالعہ و تجربہ بن جاتا ہے۔ مگر عالمگیر انسان دوستی کی منزل تک پہنچنے کیلئے پہلا اور ناگزیر مرحلہ وطن دوستی ہی ہے اور بیدی خلوصِ دل سے وطن دوست ہیں۔ انہیں اپنی دھرتی، اور اپنے کلچر سے؛ خصوصاً ہندوستانی کلچر کے اس رنگ سے جسے پنجابی کہا جاتا ہے، اور اپنے ثقافتی اور تہذیبی ورثے سے بے پناہ پیار ہے۔ انہیں اپنے افسانوں کا مواد اپنے یہاں کے خارجی علائق و عوامل اور باطنی اضطراب و اضطرار میں مل جاتا ہے۔ آفاقیت سے ہم کنار ہونے کے لئے انہیں اِدھر اُدھر بھٹکنے بہکنے کی عادت نہیں ہے۔

مغربی ادب یا اس کے رجحانوں اور تحریکوں سے مرعوب ہو کر لکھنا بیدی کا شیوہ نہیں بلکہ انہیں تو اپنے معاصروں سے شکایت ہے جو مغرب میں مروجہ ادبی یا فنی فیشن کی نقل میں افسانے گھڑتے ہیں جو محض بالائی سطح کے بے بنیاد کے افسانے ہوتے ہیں۔ بیدی کو گلہ ہے کہ ایسے تقلید کے مارے مغرب سے

مرعوب افسانہ نگاروں کے پاؤں اپنی دھرتی میں نہیں ہیں وہ تو صرف تتبع کرتے ہیں۔ تحریک کے پیچھے چلتے ہیں کبھی ایلی اے نیشن ALIENATI N کی کبھی سرریلزم SURREALISM کی کبھی یہ تحریک کبھی وہ!

صاف ظاہر ہے کہ "دھرتی" سے یہاں پر مراد ہے اپنا ملک، اپنا معاشرہ، اپنا کلچر جس کا عرفان ادبِ عالیہ کی تخلیق کا ضامن ہے۔ کلچر میں ہمارا کرم دھرم، اخلاق و آداب، فنون و علوم، ادب، سنگیت، موسیقی، رقص، بت تراشی، مصوری، اور ہمارا کھان پان، گھر بار، طرزِ رہائش، روایاتی ورثہ یعنی معدوم و موجود معاشرے کے دل کی دھڑکن، دماغ کی اختراع، جسم کی لذت، روح کا سرور، رطب و یابس، تلخ و شیریں یہ سب باتیں آجاتی ہیں۔ مگر کلچر کے معروضی چہروں کی جو زندہ ہیں، اصلی پہچان قدرے مشکل کام ہے۔ ان چہروں سے موضوعی تعارف اور ان کی روحِ عصر سے ہم آہنگی کا مسئلہ اس سے بھی دشوار کام ہے۔ اس کے حصول کے لئے احساس کی پختگی، فکر کی زود رسی اور اظہار کی خلوص کاری درکار ہے۔ کلچر اور کلچر کی روایت کا شعور و احساس ایک حساس فن کار ہی کر پاتا ہے۔ غالباً بیدی اپنے تجربے کی بنا پر ہی اس بات پر زور دیتے ہیں کہ ہمارا افسانہ INTERNATIONAL IN FORM BUT NATIONAL IN CONTENT ہونا چاہیئے۔ ہمارے افسانوں سے یہاں کی مٹی کی بو آنی چاہیئے فارم کے لحاظ سے خواہ وہ غیر ملکی یا بین ملکی کیوں نہ ہوں۔

یہاں کی مٹی کی بو کو وہی افسانہ نگار اپنے افسانوں میں سمو سکتا ہے جو "یہاں" سے پوری طرح واقف ہو، یہاں کی مٹی کو پہچاننے، سونگھنے اور اس کی بو سے لذت افروز ہونے کی توفیق رکھتا ہو اور پھر اس مہک کا خاطر خواہ اظہار کرنے کی استطاعت بھی رکھے۔ اب سبھی جانتے ہیں کہ یہاں کی مٹی وہ مٹی ہے جو صدیوں سے زندہ ہے اور صدیوں تک زندہ رہنے کی صلاحیت رکھتی ہے۔ ہمارا کلچر

نہایت قدیم ہوتے ہوئے بھی نہایت جدید ہے۔ اس کے کچھ اپنے معاشرتی اور تواریخی تقاضے اور مطالبے ہیں۔ اس کی روح میں ایک اپنی ہی جاذبیت ہے۔ اس مٹی کی بُو باس کو من میں رچا بسا لینا اور اسے اس اہتمام سے صفحۂ قرطاس پر بکھیر دینا کہ پڑھنے والا اس بُو باس سے لطف اندوز ہی نہیں بلکہ بہرہ مند بھی ہو جائے ہر ایک افسانہ نگار کے بس کی بات نہیں ہے۔

اپنا گھر آنگن، اپنے گلی کوچوں، دیہات وقصبات، سماج، عوام، دھرتی، علاقے اور دیس، انہی رسموں، روایتوں، اپنی تہذیب کا پورے کا پورا سرگم، غرض یہ کہ ان جانے پہچانے مظاہر ومناظر، ان میں جاری وساری روحِ حیات کا احاطہ کر لینے اور ان سے بخوبی باخبر ہو جانے کے لئے ہمیں بیدی جیسا ذکی آرٹسٹ اور زود حس افسانہ نگار اور الفاظ کاری کا رمز شناس چاہیئے۔

بیدی کے آئینہ خانوں میں نہ صرف ہمارے معاشرے کی تصویریں ہی ہیں بلکہ اس معاشرے کے مقاصد ومسائل بھی منقش ہیں۔ بیدی نے یہ سب کچھ اس ڈھنگ سے کر دکھایا ہے۔ کہ ان تصویروں کا باطن بھی ننگا ہو کر سامنے آجاتا ہے۔ ان مقاصد اور مسائل کا تیکھا پن بیدی کو اور ہمیں یکساں بیکل کر دیتا ہے۔ فنکار نظریہ ساز ہو سکتا ہے۔ تبلیغ کار نہیں۔ ان مسئلوں کا قطعی اور حتمی حل پیش کرنا فنکار بیدی کا فریضہ نہیں ہے۔ البتہ یہ ضرور ہے کہ بیدی کے ان فن پاروں کا، منہ بولتی تصویروں کا بغور مطالعہ ومشاہدہ پڑھنے والے کے قلب وذہن کو جھنجھوڑتا ہے اور فکرِ ہر کس بقدرِ ہمتِ اوست کے مصداق وہ خود اپنی بساط بھر روشنی حاصل کرتا ہے۔ اخلاقی معنوں میں کیا اچھا ہے کیا بُرا، کیا روا ہے کیا ناروا، یہ بتانا، اس کی وضاحت کرنا یہ کسی بھی نقش گر پر لازم نہیں آتا۔ نقاش کا کام تو یہ ہے کہ وہ اس طرح کے اور اس طور کے نقش پیدا کرے کہ دیکھنے والے کی آنکھیں کھل جائیں۔ فن کار بیدی یہی کرتے ہیں اور بس! اپنے ان تخلیقی نقوش میں وہ اپنی دھرتی کے رنگ خلوص سے بھر دیتے ہیں۔

بیدی اپنی مٹی سے، اپنے کلچر سے جڑے بندھے ہوئے ہیں، یہی ان کا کمٹ منٹ COMMITMENT ہے جو ایمان کی حد تک مضبوط ہے۔ بیدی اپنی دھرتی اور اُس کی مہک کے رسیا ہیں۔ ان کے تخلیقی نابغہ میں یہاں کی مٹی کی مہک رچی بسی ہوئی ہے۔ وہ نہ صرف اپنے کلچر کے اختصاصی تواریخی تقاضوں بلکہ انسانی تاریخ کے ارتقائی عمل سے بھی خوب واقف ہیں۔ یہ جانتے ہوئے کہ آفاقیت کا راستہ وطنیت سے ہو کے ہی جاتا ہے بیدی یہاں کے اساطیری عناصر کو ہندوستانی تہذیب کی روح اور اس سے وابستہ عقائد کو پیش کرنے کے لئے استعمال کرتے ہیں۔ یہی وجہ ہے کہ وہ اسطوروں کو من و عن بیان نہیں کرتے بلکہ حقیقت اور تخیل کے مناسب امتزاج سے ان اساطیری کرداروں کو آج کے تناظر میں اس طرح زندہ کر لیتے ہیں کہ آفاقی کردار دکھائی دینے لگتے ہیں۔ [ملاحظہ ہو 'ایک چادر میلی سی' میں تلو اور رانی کے بیاہ کا ذکر]۔ از نفس ہائے رمیدہ زندہ شو کے مصداق ان چھوٹی ہوئی سانسوں کے دم سے بیدی اپنے افسانوی پیکروں کے قالب میں نئی یعنی جدید روح پھونک دیتے ہیں۔ [ملاحظہ ہو 'گرہن' اور 'لاجونتی' کے افسانوں میں چاند گرہن کی دیومالائی توجیہہ کا پس منظر]۔ مختصراً یہ کہ بیدی کے افسانوں کی فضا ہمارے کلچر کے ماحول اور مزاج سے ہم آہنگ ہے، افسانوں کی جڑیں ہمارے معاشرے اور ہمارے عوام کی زندگی میں دُور تک پھیلی ہوئی ہیں۔

بیدی ہمارے کلچر کے محرم راز ہیں۔ اور انہیں روایت میں جدت کا پہلو نکالنے کا سلیقہ ہے۔ وہ اُس کلچر کے پورے سرگرم پر فریفتہ ہیں۔ انسان تو خیر انسان ہیں، بیدی کو اپنی دھرتی کے پہاڑوں، میدانوں دریاؤں، درختوں، پھولوں، پھلوں، چرندوں، پرندوں سب سے والہانہ عشق ہے۔ اُن کا یہ کہنا کتنا برحق اور فطرتی ہے کہ "میرے افسانوں میں اساطیری حوالے REFERENCES آتی ہیں اور بڑی آسانی سے

آتی ہیں کیونکہ میں ان کا حصہ ہوں، ایک اکائی ہوں۔ میں اپنی ذات میں نہ صرف ہندوستانی ہوں بلکہ ہندوستان ہوں"۔ اپنے نصف صدی کے تخلیقی سفر میں بیدی کے پاؤں ہمیشہ اپنے وطن کی دھرتی پر رہے، پرواز میں بھی اس طائر کی آنکھ نشیمن پر رہی۔ پُرانی دیومالائیں بیدی کے لئے اتنی پرانی نہیں ہیں کہ اُن سے قطع تعلق کیا جاسکے وہ جدید ہندوستانی کی گھُٹی میں ہیں۔ اس لئے بیدی ان کی تجدید کرتے ہیں۔ ان کی نئی سے نئی تعبیر پیش کرتے ہیں۔ آزاد تلازمۂ خیال اور نفسی پیچ و خم پر عمل درآمد کے باعث علامت و تجرید میں جو معنی آفرینی بیدی کے یہاں ملتی ہے وہ اوروں تو اور، جدیدیت کے فنکاروں میں بھی کمیاب ہے۔

بلاشبہ فن کار بیدی نے جسِ زندگی کو اُس کی ہر ادا میں آزادانہ دیکھا ہے، اس کا رس اور ذائقہ چکھا ہے، اس کی اذیتوں کے تشنج کو، اس کی لذتوں کے طوفان کو اپنے وجود میں محسوس کیا ہے" اُس زندگی میں اُس کی اپنی دھرتی کا، پنجابیت کا دم خم ہے اور ہندوستانیت کی آن بان۔ مگر یہ زندگی تخلیقی تمازت سے ہم آغوش ہو کر پوری کائنات کا احاطہ کر لیتی ہے، آپ بیتی جگ بیتی بن جاتی ہے۔ بیدی کے بقول "میں وہ پرماتما بن جاتا ہوں جو اروپ اور نراکار ہے۔ مجھے خدا کی اس بے صفتی سے بے حد محبت ہے۔ کیوں کہ اسی صفت سے ہم جو کہانیاں لکھتے ہیں ... جیسے ہم بھی اپنے طریقہ سے چھوٹے چھوٹے خدا ہیں"۔ تخلیق کار کی غیر وابستگی اُسے خالق سے مشابہ کر دیتی ہے۔ لاتعلقی اپنے آپ میں ایک غیر معمولی وصف ہے جس سے تعلقات کی دُنیا ظہور میں آتی ہے۔ بیدی کی لاتعلقی شخصیت سے انکار نہیں بلکہ تخلیقی عمل کے دوران اس کے ڈوب کر اُبھرنے کا نام ہے۔ فن کے اپنی خدائی میں منکشف ہو جانے کی دلیل ہے کسی شخصیت کا اپنی تخلیق میں انضمام ہی اُس کے استحکام سے عبارت ہوتا ہے۔

بیدی نے بڑے اعتماد سے اور بڑے تفوّقانہ لہجے میں دعویٰ کیا ہے کہ " پنجاب اور پنجابی کبھی ناش نہیں ہو سکتے "! بیدی کے نقادوں نے بھی صاد کیا ہے کہ پنجاب کی زندگی کی اس قدر بے محابا تصویر کشی، بیدی کے علاوہ دو ایک افسانہ نگاروں نے ہی کی ہوگی اور یہ کہ بیدی کی عکاسی ٹوپوگرافی ہی نہیں بلکہ پنجاب کی تہذیبی روح کی عکاسی ہے۔ یا یہ کہ بیدی کی بیشتر کہانیوں کا ماحول پنجابی ہے اور اس کی عکاسی کے لیے وہ پنجابی ملی اردو زبان استعمال کرتے ہیں۔ یا پھر یہ کہ پنجاب کے خوشحال قصبوں اور بدحال لوگوں کی بپتا، تعلیم یافتہ حلقوں کی رسمیں، رواداریاں، کشمکشیں، اور بیاہ کی تدبیریں، پرانی وضعداری اور نئے خیالات کی آویزش، نئی نسل کے چوچلوں اور ارد گرد کے بندھنوں کی آمیزش ان سب کو بیدی نے دردمندی سے کاغذ پہ اتارا ہے۔ نیز یہ بھی کہ بیدی نے اپنی تخلیقات میں پنجاب کی دیہی اور قصباتی زندگی کے تہذیبی اور سماجی پہلوؤں کو بڑی چابکدستی سے ابھارنے کی کوشش کی ہے۔ بیدی کے فن سے متعلق یہ رائیں اردو کے جید ناقدوں ممتاز شیریں، محمد حسن اور ظ۔ انصاری کے مضامین سے لی گئی ہیں، اور ظاہر ہے کہ یہ ان کے تنقیدی شعور پر مبنی ہیں۔

پنجاب اور پنجابی (اہلِ پنجاب) کی لافانیت، پنجاب کی تہذیبی روح، پنجابی ماحول، پنجابی زندگی کے تہذیبی اور سماجی پہلو جیسے مجمولات یا تصورات کی وضاحت کے لیے ہمیں بیدی کے تحریر کردہ اُس "پیش لفظ" کی جانب رجوع کرنا چاہیے جو انہوں نے اپنے ناول "ایک چادر میلی سی" کے اسٹار ایڈیشن کے لیے لکھا تھا اور جسے رسالہ آج کل (دہلی) میں "پرلودھ اور سیتری" کے عنوان سے ان شذرات کے ساتھ اکتوبر ۱۹۸۴ء کے شمارہ میں چھاپا گیا ہے:-

> بیدی کا فن محسوس کراتا ہے کہ فطرت نے اپنی پُر اسرار وحدت کو عورت مرد کے دو ناموں میں توڑ کر ان کے ملنے، بچھڑنے اور نہ ملنے کا ایک تماشا برپا کیا ہوا ہے۔ اس

تماشے کو دیکھنے اور سمجھانے کی کوشش ہی بیدی کی تخلیقی زندگی کا سفرنامہ ہے۔ اور اس سفرنامے کو بیدی نے بڑی چابک دستی اور حسن و ایجاد کے ساتھ جس قرطاس پر سجایا ہے اُس کا نام ہے: 'ایک چادر میلی سی'۔

مندرجہ بالا شذرات کو دراصل بیدی کے 'پیش لفظ' کے ایک حصے سے متعلق کہا جا سکتا ہے۔ اسی 'پیش لفظ' کا ایک دوسرا اور اتنا ہی اہم حصہ بھی ہے۔ اسے بیدی کے لفظوں میں پیش کیا جاتا ہے۔ مکالماتی اشاریے پر بودھ نے کہا" یا "میستری نے کہا" وغیرہ کو حذف کیا جاتا ہے۔ اس حصہ کو بیدی کی پنجابیت کی تعریف و توضیح سمجھنا بے جا نہ ہوگا۔ بیدی رقمطراز ہیں:-

اس دھرتی پر پنجاب ایک ایسا دیش ہے جس کی کوئی مثال نہیں۔ وہی تو ایک دیش ہے جس کی دھرتی میں سے آٹھوں پہر لوبان کی خوشبو اُٹھتی رہتی ہے، جس کا لمس بدن میں صحت کی خارشیں پیدا کرتا ہے، اُس کے پربت آسمانوں کے ہمسائے ہیں، اور دھرتی کی ہری اوڑھنی پر ویرانی کے رنگ کا ایک بھی چھینٹا تو نہیں۔ اس کے دریا تو ایک حرف 'پو' کھر بھی انوراگ سے واقف ہیں۔ جہاں کے مرد اکھڑ ہیں، عورتیں جھگڑو۔ وہ خود ہی اپنے قانون بناتے ہیں اور اگلے ہی پل بے بس ہو کر خود ہی اُنہیں توڑ بھی دیتے ہیں اور پھر نئے قانون وضع کرنے کے لئے چل نکلتے ہیں۔ دیوی ماں اُن کے گناہوں کو سرزد ہونے سے پہلے ہی معاف بھی کر دیتی ہے کیونکہ اُنہوں نے بہت دُکھ دیکھا ہے۔ اُتر پچھم سے اُن پر سینکڑوں حملے ہوئے مگر اُنہوں نے اپنی فولاد سے زیادہ سخت چھاتیوں کو ڈھال بنایا اور آلام کی سب ضربیں اُن پر لے لیں۔ اُنہوں نے اپنی ملکل لفہ

۸۳

بہنوں کی عزت دے دی پورے دیش کی ماؤں اور بہنوں کی عصمت بچانے کے لئے ۔ وہ کسی وقت بھی سونے کو مٹی میں رول دیتے ہیں اور پھر اسی مٹی کو کھنگال کر اس میں سے کندن پیدا کر لیتے ہیں۔ عجیب کیمیا گر ہیں وہ ۔ نہ معلوم وہ کس مٹی سے بنے ہیں ۔ جمتی ہوئی برفوں اور تپتی ہوئی ریتوں میں وہ بس سکتے ہیں۔ جہاں دُنیا کے لوگ دوسروں ہی کی نکتہ چینی میں لگے رہتے ہیں وہاں پنجابی ہی ہے جو اپنے آپ پر ہنس سکتا ہے۔ وہ اچھا دوست ہے اور بڑا دشمن ۔ جہاں بھی لوگ تمہیں ایک بلند آواز سے قہقہہ لگاتے ہوئے سنائی دیں ، وہاں ضرور کوئی پنجابی ہوگا کیونکہ وہ دنیا کا ماتم نہیں کرنے آیا اور نہ فلسفہ رانی اُس کا نصب العین ہے ۔ وہ جو اندر سے ہے وہی باہر سے ۔ اُس کے جیون کا رہسیہ یہی ہے کہ کوئی رہسیہ نہیں ۔ وہ ایک ایسا پودا ہے جو دُنیا کی کسی بھی دھرتی پر پنپ سکتا ہے ۔ اُس کی اپنی دھرتی کی وسعت اُس کی نگاہ اور دل میں سما گئی ہے اور ہواؤں کی مستی دماغ میں ۔ پنجاب اور پنجابی کبھی ناش نہیں ہو سکتے ۔ نہ معلوم اُنہوں نے کون سی امرت کتھا سُنی ہے جس میں وہ اونگھ بھی گئے اور پا بھی گئے ، پی بھی گئے اور چھلکا بھی گئے ۔ زندگی کے رونے دھونے سے اُن کی تپسیا پوری نہیں ہوتی ، ہاں ، ہنسنے کھیلنے ، کمانے اور پہننے ہی میں اُن کا موکش ہے ۔

محولہ بالا طویل اقتباس کو نقل کرنے سے مقصود یہ ہے کہ ہم "پنجابیت" کے اجزائے ترکیبی کی شناخت بیدی کے حوالے سے کر سکیں۔ عموماً خوراک ، پوشاک اور رسم و رواج کے حوالے سے پنجابیت کی پہچان کرائی جاتی ہے ،

یا پھر میٹھے ملسیٹے کی لوتیل، نخش کامی، سینہ زوری اور لوک گیتوں اور لوک ناچ بھنگڑہ، گِدّا وغیرہ کے حوالوں سے بہت ہوا تو ہیر رانجھا، سسّی پنّوں کی داستانِ محبت اور بابا فرید اور گورو نانک کی 'بانی' یعنی شاعرانہ کلام کو ہی پنجابیت کا پیمانہ مان لیا جاتا ہے۔ اس میں کوئی شک نہیں کہ یہ سب پنجابیت کے مظہر ہیں، مگر بیدی کے عندیہ میں پنجاب اور پنجابی کا مفہوم محض یہی ہو ایسا نہیں ہے۔ بیدی پنجاب کی دھرتی کے عاشق ہیں، پنجابی مزاج، پنجابی کلچر اور کردار کے گرویدہ ہیں۔ انہیں اپنے پنجابی ہونے پر ناز ہے۔ مگر جب وہ پنجاب اور پنجابی کو لازوال قرار دیتے ہیں تو یہ الفاظ اپنے متداول سیاق و معنی سے بے نیاز ہو کر ایک رمزیاتی اور استعاراتی کردار کے حامل ہو جاتے ہیں۔ جیسے کوئی کہہ رہا ہو جینا اسے کہتے ہیں، جینا ہے تو ایسے جیو جیسے پنجابی جیتے ہیں۔ پنجابیوں کے یہاں جینے کی پہلی شرط خونِ جگر ہے تو دوسری وسعتِ قلب و نظر۔ فراخ دلی، فراخ حوصلگی، وفورِ شوق اور سرمستی پنجابیوں کا شیوہ ہے۔ مہم جوئی، جفاکشی، صدق و مروّت ان کا ایمان ہے۔ یہ ہر حال میں، ہر مقام پر مست الست رہنا جانتے ہیں کیونکہ ان کی زندگی زندہ دلی اور رجائیت سے عبارت ہے۔ حزن و ملال، یاسیت اور کلبیت (CYNICISM) زندوں کا دستور نہیں ہوتا۔ وطن کی ننگ و ناموس پر مرمٹنا، ماضی و حال کی فتح و شکست کو سمیٹتے ہوئے مستقبل کا خنداں و رقصاں استقبال کرنا پنجابی سرشت ہے۔ جہاں من چھل کپٹ سے پاک ہیں، دل محبت میں شرابور ہیں، نیتیں سیدھی اور ارادے جوان ہیں وہاں پنجاب ہے۔ پنجابی کردار کے دھنی ہوتے ہیں۔ مکان و زمان کی دھوپ چھاؤں سے خائف ہو جانا وہ نہیں جانتے۔ وہ تو اپنے خارجی ماحول یعنی عصری حقیقتوں اور داخلی اشتیاق و ناصبوری کی باہمی کشمکش میں نئے توازن اور نئے آہنگ کے متلاشی رہتے ہیں۔ فطرت ان

کے ناکردہ اور کردہ گناہوں کو اس لیے معاف کر دیتی ہے کیوں کہ وہ فطرت کی چال سے ہم قدم ہو کر زندگی بسر کرنا جانتے ہیں۔

بیدی کی نظر میں یہ ولولہ ساماں زندہ دلی پنجابی تہذیب کی روح ہے، پنجابی تمدّن اور تہذیب اسی کا پرتو ہے۔ اَن گنت صدیوں سے یہ روح پنجابی کردار میں، اطوار و اعمال، عادات و رسومات میں، مذاہب و سیاسیات، فنون و ادبیات میں رچی بسی ہوئی ہے۔ یہی روح پنجابی مزاج و احساس کو منفرد و ممتاز بناتی ہے۔ بیدی کی بیشتر کہانیاں پنجابیوں کی اس طبعی جولانی سے مخمور ہیں۔ حادثات و سانحات اس کے بہاؤ کو روک نہیں سکتے۔ آگ، پانی، ہوا، مٹی کی فطری پابندیوں سے متصادم ہو جانے کے بعد یہ روح پنجاب اور نکھرتی ہے، اور جاوداں ہو اٹھتی ہے۔ اقبال نے درست ہی کہا تھا "کچھ بات ہے کہ ہستی مٹتی نہیں ہماری"۔ بیدی کے افسانے اقبال کی 'کچھ بات' کی تشریح اور تفسیر ہیں۔ وہ پنجابیت ہی ہے جو ہمیں، ہماری دھرتی، ہماری تہذیب کو مٹنے نہیں دیتی۔

پنجابیت باطنی سطح پر اُس احساس اور مزاج کا نام ہے۔ جس کے تخمیر میں اور جس کی نشو و نما میں ہندوستانیت کی روح ہے اُس اکائی کی روح جس نے بیدی سے یہ کہلوایا کہ میں اپنی ذات میں نہ صرف ہندوستانی ہوں بلکہ ہندوستان ہوں۔ تہذیبی سطح پر نگاہ ڈالئے تو بیدی کا ہندوستانیت کا تصور اپنے جسم میں روح کی طرح پنجابیت کو سنبھالے ہوئے نظر آئے گا۔ بیدی ہی کی طرح پنجابیت بھی یہ کہہ سکتی ہے کہ میں ہندوستان ہوں آخر روحِ کل اور روحِ جزو میں کیسا فرق اور کیسا فاصلہ؟

ایک بات اور خیال انگیز ہے اور وضاحت طلب ہے۔ بیدی کے یہاں پنجابیت کا احساس اُس دھرتی کی رعایت سے در آیا ہے جس کے پربت آسمانوں سے ہم سخن ہیں اور جس کا لمس نعمت کی فراوانی پیدا کرتا ہے اور وقت کی رفتار

کے باوجود جس کی ہری اوڑھنی پر ویرانی کا ایک چھینٹا تک نہیں جم پاتا۔ جو سدا بہار ہے، جس کے چپّہ چپّہ پر محبت کی مہر ثبت ہے، جس کا ایثار اُسے ہر بلائے ناگہانی سے مصئون رکھتا ہے، یہ وہ دھرتی ہے جس کے باسی پورے دیس کی عزّت کو بچانے کے لئے جان پر کھیل جاتے ہیں۔ غور سے دیکھا جائے تو دھرتی کے اس استحکام، اس جاودانی تازگی اور تازہ دمی کے لئے ایک ہی روایت، مذہب یا زبان کا رہینِ منت ہونے کی ضرورت نہیں ہے یہ تینوں ہی دھرتی کے اس احساس کے مقابلہ میں تغیّر و فنا پذیر ہیں۔ یہ حقیقت ہے کہ اس دھرتی نے سینکڑوں روایتوں کو بنتے بگڑتے دیکھا ہے۔ سینکڑوں مذاہب یہاں جنمے اور مرے ہیں۔ سینکڑوں زبانوں نے اس دھرتی کی ترجمانی کی ہے۔ زبانیں پیدا ہوئیں، چہچہائیں اور خاموش ہو گئیں۔ مگر یہ دھرتی زندہ ہے۔ اسے رسم و رواج، فرقہ بندیوں، لسانی تعصبات میں مقیّد نہیں رکھا جا سکتا۔ جب کبھی ایسا ہوا ہے یہ دھرتی دم توڑنے لگی ہے۔ اگر آئندہ کبھی ایسا ہوا تو یہ 'دھرتی' نہ رہے گی۔

پنجابیت ایک روح ہے، ایک احساس ہے، ایک مزاج، ایک سبھاؤ، ایک رویے کا نام ہے۔ یہ روح زمان و مکان کی جکڑ میں نہیں آتی۔ حد بندیوں سے آزاد و بے نیاز ہے۔ اس نقطۂ نگاہ سے دیکھا جائے تو پنجابی مزاج اور پنجابی کلچر لازم و ملزوم ہیں۔ پنجابیت ان دونوں کی تربیت، نشوونما کی بالیدگی کی ضمانت ہے۔ اس مزاج کے ارتقا میں دیگر عوامل و ضوابط کے علاوہ مذہبی اور لسانی روایتوں نے بھی اہم رول ادا کیا ہے۔ اور اس اہمیت سے انکار نہیں کیا جا سکتا۔ لیکن سماجی روایت، مذہب اور زبان کی اجتماعی یا جداگانہ مطلقیت پر زور دینا حقیقت سے منہ پھیر لینے کے مترادف ہے اور پنجابی مزاج سے متعلق بیدی کے اُس نظریہ کے منافی ہے جس کا رہتیہ ہی یہ ہے کہ کوئی رہتیہ نہیں۔

اگر معاشرہ تغیّر پذیر ہے (جیسے کہ یہ ہے) تو سماجی زندگی کے روپ میں سماجی اکائیوں کی ساخت پرداخت میں ردّ و بدل اور باہمی مفاہمت، اڈجسٹمنٹ

ADJUSTMENT کی اہمیت کو تسلیم کرنا ہی ہوگا کیونکہ تردید و ترمیم کے ذریعے سے ہی نئے توازن کی داغ بیل ڈالی جا سکتی ہے۔ ردّ و قبول ہی سماجی ہم آہنگی کی بازیابی کا ایک گونہ وسیلہ ہے۔ معاشرے میں ارتقا ناگزیر ہے۔ اس ارتقا کی توجیہہ کا جدلیاتی تصور ایک مسلمہ حقیقت ہے، مشرق و مغرب کے قدیم و جدید مفکر اس امر واقعی سے متفق ہیں۔ زمان اور مکان میں رونما ہونے والی تبدیلیوں کا اثر معاشرے کے اداروں، مذہب، زبان اور روایتوں پر نہ پڑے یہ ممکن نہیں ہے۔ ہر عزّہ اوج عالمِ امکان کی بنیاد ہوتا ہے، قدیم شخصیت کو جوں کا توں زندہ رکھنا محال ہے۔ اُسے تلانجلی دیئے بغیر مستقبل کی جانب نہیں بڑھا جا سکتا۔ بیدی کو اس تلانجلی کا، حال کے لئے ماضی اور مستقبل کے لئے حال کو قربان کر دینے کا احساس ہے۔ اس کی غیر مبہم مثالیں "ردِّ عمل" میں جلال کے رویے میں، "ٹرمینس" میں جے رام کی جراَت میں نظر آتی ہیں۔ اور یہ 'تلانجلی' ہی تو ہے جو نئے جنم کی تمنا میں مولوی آمش کو حتی میں تبدیل کر دیتی ہے ("مہاجرین")۔ "موت کا راز" میں تشخص کی تجدید کی ضرورت کا اظہار کھل کر ہوا ہے۔ بیدی لکھتے ہیں:-

> کیا ہماری نسلیں بھی ہماری یادداشت ہیں؟ کیا اس کی مکمل تحلیل پر میں وہ راز دُنیا والوں کے سامنے طشت از بام کر سکتا ہوں (جو یادداشت کی مکمل تحلیل میں پنہاں ہے)؟
> مَیں زندہ رہنا چاہتا ہوں۔

زندہ رہنے کی خواہش! یہ وہ خواہش ہے جو ہر قدم پر نیا توازن، ہر لمحہ ایک نئی قیمت کا مطالبہ کرتی ہے۔ اس قیمت کو چکانے کے لئے قدیم شخصیت کو تلانجلی دینا، ماضی کو خیر باد کہنا ہی ہوگا۔ یہ تلانجلی، یہ قربانی تسلسل حیات کی ایک کڑی بھی ہے اور اس تسلسل کو برقرار رکھنے کی ایک ضروری شرط بھی ہے۔ تو گویا یہ توازن ایک گہرا اور سنگین سمجھوتہ ہے۔ یا' میت پسند اسے مجبوری سے تعبیر کریں گے اور

رجائیت پسند اسے اپنی خودی کا کرشمہ کہیں گے اور اسے اپنی آزادہ روی پر محمول کریں گے۔" ایک چادر میلی سی" میں 'چادر' اس نئے توازن کی تلاش اور دریافت کا علامیہ ہے۔ پنجابی کلچر کے تناظر میں یہی 'چادر' سربلندی، سرفروشی اور سرفرازی کا اعلانیہ ہے۔

تجریدی تصورات نیز یہی نظریہ جب کسی معاشرے میں ازسرنو تجسیم و تنظیم کا متلاشی ہوتا ہے تو اس کی ازسرنو تفہیم و تعبیر کی ضرورت ہوتی ہے۔ روز روشن کی طرح عیاں ہے کہ پنجابی مزاج بدلتے ہوئے خارجی ماحول میں نئے توازن کے حصول کی اہمیت سے آگاہ ہے۔ اس کی وجوہات بہت ہیں لیکن ایک وجہ وہ بھی ہے جسے بیدی نے اتر پچھم سے ہونے والے سینکڑوں حملوں اور آلام کو ضربوں سے تعبیر کیا ہے۔ آلام و مصائب کی یورشوں سے متزلزل نہ ہونے والے پنجابی مزاج میں اذعانیت DOGMATISM کی گنجائش کہاں؟ یہاں کے اکھڑ اور جھگڑالو مرد اور عورتیں زلزلوں میں بھی توازن پیدا کر لینے کے راز سے واقف ہیں۔ اسی لئے تو خبط کی کوئی شکل تعصب کی کوئی صورت پنجابیت سے میل نہیں کھاتی۔

پنجابیت کی دیگر توضیحات میں ایک بڑا نقص ہے۔ یہ وقتی مقصد برآری اور عارضی مطلب پرستی کے لئے پیش کی جاتی ہیں۔ ان کی افادیت اس لئے مشکوک رہی ہے کیونکہ ان کا مقصود پنجابی مزاج کی آزادہ روی کو کسی ایک سکہ بند سیاسی نظریہ کا آلۂ کار بنانا ہے۔ ورنہ ادبی اور ثقافتی حوالوں سے دیکھا جائے تو یہ ایک تاریخی حقیقت ہے کہ پنجابی مزاج کی مظہر دنیا کی پہلی کتاب "رگ وید" سے یا شاید اس سے بھی پہلے زمانوں سے لے کر آج تک کے پنجابی معاشرے نے جس روایت کا ساتھ دیا ہے وہ خود تجدید کاری کی محرک رہی ہے۔ تجدید کاری اصل میں گم شدہ توازن کی بحالی بلکہ نئے توازن کی دریافت و اختراع کا وسیلہ ہے۔ اس نوعیت کی سعی کا نمایاں پہلو ہے ترقی پذیر اجتہاد و افہام۔ نظریاتی انجماد اس ترقی پذیریت کا مخالف ہے۔ یہی سبب ہے کہ جب ادوار میں اذعانیت بے لگام

ہوئی پنجابیت کا بانک پن تحس نحس ہو گیا۔ پنجاب کو نا قابلِ تلافی زک پہنچا۔ یہاں تک کہ تبدیلی اور ترقی اور توازن کی راہیں کچھ عرصے کے لئے مسدود ہو گئیں۔

قدیم اور جدید کا مطالعہ بیدی کے یہاں ایک اور شکل بھی اختیار کرتا ہے :-

وہ رقصاں، خنداں، لرزاں لوگ میرے بزرگ تھے...

بچہ اپنے والدین کی تصویر ہوتا ہے۔ میرا باپ اپنے باپ کی تصویر تھا۔ اس لئے میں اپنے دادا کی تصویر بھی ہو سکتا ہوں۔ اور یوں ارتقائی منازل طے کرنے کی وجہ سے اپنے بزرگانِ سلف کی اگر صاف نہیں تو دھندلی سی تصویر ضرور ہوں۔ ["موت کا راز"]

بقا تسلسلِ حیات کا دوسرا نام ہے، فردِ واحد کو عالمِ صغیر MICROCOSM اور کائنات کو MACROCOSM یعنی عالمِ کبیر کہا جاتا ہے۔ فرد میں موجود کائنات اور کائنات میں موجود فرد کی صداقت کو جھٹلایا نہیں جا سکتا۔ اگر آج کا فرد اپنے بزرگانِ سلف کی دھندلی سی تصویر قرار دیا جا سکتا ہے تو آج کا معاشرہ بھی قدیم معاشرے کی شبیہہ ہے، مبہم ہی سہی۔ پنجابیت کی روایت میں تسلسل اور تبدیلی، بلکہ تبدیلی کے باوجود تسلسل تغیر کے باوجود توازن اس بات کا ثبوت ہے کہ پنجاب اور پنجابی کو فنا نہیں۔ پنجاب اور پنجابی، زندگی کا بہترین استعارہ ہے۔ زندہ رہنے کی خواہش کا اظہار و انکشاف پنجابیت سے زیادہ وقیع اور معتبر شاید اور کہیں نہیں ملتا۔

زندگی سے روشناس پنجابیت کا اظہار بیدی کے یہاں خوب کھل کر ہوا ہے۔ اور کئی سطحوں پر ہوا ہے۔ بیدی کے افسانے پنجابیت کی فضا میں سانس لیتے ہیں۔ ان افسانوں میں بھی پنجابیت حاوی ہے جن میں کرداروں کے نام یا بود و باش کے مقام غیر پنجابی ہیں۔ اس معاملے میں بیدی کی کہانی بیدی ہی کی زبانی سنئے :-

فارم کی نسبت میرے لئے نفسِ مضمون کا مسئلہ زیادہ

اہمیت رکھتا ہے اور جہاں تک مضمون کا تعلق ہے وہی ادبی تخلیق زیادہ کامیاب ہوگی جو اپنے محور کے گرد گھومنے' اپنے ماحول کے نزدیک رہے۔ مثلاً ہم اپنے (پنجاب کے) مزدور کی زبان کا یو۔پی کے مزدور کی زبان میں ترجمہ کریں تو ہماری تخلیق ایک ناقابلِ معافی تصنّع کی حامل ہوگی۔ میرا ماحول پنجابی ہے اور میں پنجابی اردو لکھتا ہوں تو کوئی قصور نہیں کرتا بلکہ اپنے خلوص کا ثبوت دیتا ہوں۔

یاد رہے کہ علامہ اقبال بھی پنجابی نژاد تھے۔ اُن پر بھی 'اہلِ زبان' نے اعتراضات کی بوچھاڑ کی تھی اور اعلان کیا تھا کہ اقبال غیر فصیح اردو لکھتے ہیں۔ علامہ نے جواباً دلیل دی تھی کہ غیر زبانوں کے بے شمار الفاظ اور محاورے ہضم کر لینے والی اردو زبان چند ایک پنجابی روزمرّے برداشت کرنے کی بھی طاقت رکھتی ہے۔

بیدی کی پنجابی اردو ایک ناقابلِ تردید حقیقت ہے۔ بیدی نے شعوری طور پر ٹکسالی اردو سے جابجا انحراف کیا ہے۔ اُنہوں نے پنجابی الفاظ' روزمرّوں' محاوروں وغیرہ کو ہوبہو یا معمولی تصرّف کے ساتھ استعمال کرنے سے دریغ نہیں کیا ہے۔ اُن کے کئی افسانوں اور بالخصوص "ایک چادر میلی سی" (ناول) میں پنجابی الفاظ' ٹپّوں' لوک گیتوں وغیرہ کی دلچسپ اور تہ دار گھلاوٹ ہے۔ اس کا جواز یہ ہے کہ' بقول قمر رئیس' بیدی موضوع اور اسلوب یا ہیئت کی دوئی نہیں بلکہ ان کی نامیاتی وحدت پر زور دیتے ہیں۔ گویا وہ یہ کہتے ہیں کہ "ایک چادر میلی سی" نیاز فتح پوری کے اسلوب میں نہیں لکھی جا سکتی' اور یوں بھی مقامی تہذیب کا کسی زبان کے تخلیقی آہنگ پر اثر انداز ہونا قدرتی بات ہے۔ بیدی کی زبان و بیان کی نسبت جن غلطیوں کی نشان دہی کی گئی ہے ان میں سے اگر سب نہیں تو

بیشتر نہ صرف شعوری ہیں بلکہ بیدی کے فن کی شریعت کے عین مطابق ہیں۔ محمد حسین مزید وضاحت کرتے ہوئے فرماتے ہیں کہ بیدی کی زبان مصوری کی نہیں سنگ تراشی اور خارا شگافی کی زبان ہے جس میں پتھر کی صلابت ہے۔

بیدی ہمارے اُن معدودے چند فنکاروں میں سے ہیں جو نہ صرف لفظ کا رنگ اور نغمہ ہی سمجھتے ہیں بلکہ لفظ کو لفظ مان کر برتتے ہیں۔ یہاں نمائشی آب و رنگ یعنی WINDOW DRESSING کی کمزوری بہت کم ملتی ہے۔ بقول سیّد محمد عقیل رضوی بیدی اپنے افسانوں میں ایک خاص طرح کی زبان کا استعمال اپنی طرز کے فن کے اظہار کے لئے کرتے ہیں۔ وہ افسانوی زبان کا EMOTIVE (جذباتی) طرز نہیں اپناتے زبان کی بناوٹ اور اُن کے مسلّمات کی بھی پرواہ نہیں کرتے۔ اسی وجہ سے اُن کی عبارت میں گھیردار اطناب کے بجائے حیرت انگیز اختصار اور طنز کی کاٹ اُبھرتی ہے۔ بیدی کی زبان تکلفات کا پلندہ نہیں ہے۔ بلکہ اُن کی کھُردری، ناتراشیدہ زبان خود اپنا ایک حُسن پیدا کر لیتی ہے جس میں زندگی کی کرب ناکیاں تو ہیں مگر جو تکلفات کی حنا بندی سے بے پرواہ ہے۔

جو حُسن بیدی کی زبان میں ہے اُس کی بڑی وجہ یہ ہے کہ بیدی نے اپنی مادری زبان پنجابی کے لہجے اور فطری کردار کو (GENIUS کو) نہ صرف کامیابی سے اُردو میں منتقل ہی کیا ہے بلکہ اُنہوں نے اُردو زبان کو پنجابیت کے آدابِ جنوں بھی سکھلائے ہیں۔ یہ کوئی آسان کام نہیں ہے۔ مگر جہاں بیدی نے افسانہ نگاری کی نئی طرح ڈالی ہے وہاں اُنہوں نے کامیاب ترسیل کے لئے نفسِ مضمون اور زبان میں باہمی مطابقت کو ضروری سمجھتے ہوئے جس زبان کو ذریعۂ اظہار بنایا ہے اُس کا ٹھاٹ بھی افسانہ کی روایتی زبان سے مختلف رکھا ہے۔ بیدی کی پنجابی اُردو بلکہ "پنجابیت نفس" اُردو کی کاٹ اور لپیٹ ملاحظہ ہو:

ہتھ لائیاں کملان نی لاجونتی دے بوٗٹے ...... بٹوارہ

ہوا اور بے شمار زخمی لوگوں نے اُٹھ کر اپنے بدن پر سے خون پونچھ ڈالا اور پھر سب مل کر اُن کی طرف متوجہ ہو گئے جن کے بدن صحیح و سالم تھے لیکن دل زخمی ... [لاجونتی]

بیدی کی کھردری زبان کے تیور ان جملوں کی تراش خراش اور بندش میں دیکھیے۔ لب و لہجہ کی پینترے بازی بھی قابلِ غور ہے:

اماں ... کچھ گندم اور ماش کی دال دے دو سُکھی کی ماں کو ... کب سے بیٹھی ہے بے چاری۔ [تُلا دان]

جب بھوک سے پیٹ دُکھتا ہے تو معلوم ہوتا ہے دُنیا کے سارے مرد ختم ہو گئے۔ عورتیں مر گئیں۔ [کلیانی]

اُس نے اپنے رنڈوے ہاتھ سے اپنی سنہری زلفوں کو نفرت سے پیچھے ہٹا دیا ... کھڑیا مٹی سے صاف کئے خوب صورت شیشوں میں سے اُس نے اپنے حسین چہرے کے دھندلے عکس کو دیکھا اور رونے لگی۔ [پان شاپ]

سندر لال نے لاجو کی طرف دیکھا، وہ خالص اسلامی طرز کا لال دوپٹہ اوڑھے تھی اور بائیں بُکّل مارے ہوئے تھی ... عادتاً محض عادتاً ... وہ ہندو اور مسلمان تہذیب کے بنیادی [؟] فرق ـــــ دائیں بُکّل اور بائیں بُکّل میں امتیاز سے قاصر تھی۔ ... ہم نہیں لیتے مسلمران (مسلمان) کی جھوٹی عورت۔ [لاجونتی]

ان چھوٹے چھوٹے فقروں سے بیدی نے نہ صرف خاموش احتجاج کا کام لیا ہے بلکہ اپنی وابستگی اور ہمدردی کا اظہار بھی نہایت موثر اور لطیف پیرائے میں کر دکھایا ہے:

آپ لوگ .... جنازہ کہاں ہے؟" جناجا؟" اُس نے حیرانی سے کہا۔ ہاں۔ ہاں۔ جنازہ۔ ارے تم! کوئی مرگیا ہے نا؟

"نہیں ....." اُس نے ہر قسم کے جذبے سے عاری،
بے رنگ سا چہرہ اُوپر اُٹھاتے ہوئے میری طرف دیکھتے
ہوئے کہا "ہم لوگ مجبور ہوتا ...... ل سے آیا نا، کیا؟"
میں اُس طرف جا رہا تھا۔ لیکن معلوم ہوتا تھا اُنہیں لوگوں کے
ساتھ جا رہا ہوں جن کا جنازہ بھی غائب ہے۔ [جنازہ کہاں ہے]

"پنجابی اُردو" کا ایک اور چہرہ! ایک اور تاثر دیکھئے۔ بیک وقت تفکر انگیز
اور تحیر ساماں!

آپ کی یونین کی ایسی تیسی، ایک طرف ہمارے حاکم ہیں،
دوسری طرف کامگار، اور اُن کی یونین ...... اور بیچ
میں ہم لٹک رہے ہیں۔ [حجام الہ آباد کے]

اب ملاحظہ ہوں "ایک چادر میلی سی" سے چند اقتباسات۔ شکوے شکایتوں
میں لہجہ کی متانت اور بین السطور جذبات نگاری اور تاثیر آفرینی کی داد
دیجئے:۔

"جا۔ جانہ۔ دیکھتا ہوں کہاں جاتی ہے؟"
"کہیں بھی جاؤں تجھے اس سے کیا؟" رانی روتے ہوئے بولی۔
"جہاں بھی جاؤں گی محنت مجوری کروں گی، اپنا پیٹ بھر لوں گی۔
دو روٹیوں کے لئے مہنگی نہیں کسی کو۔ گاؤں بھر کوئی جگہ نہیں
میرے لئے، دھرم شالہ تو ہے۔"
"دھرم سالہ!" تلوکا چونک اُٹھا۔ ایک دم آگے بڑھتے ہوئے
اُس نے رانو کی ٹہنی پکڑ لی اور بولا "چل، مر پیچھے۔"
جب ہی رانی کو دلاسا دیتے ہوئے حضور سنگھ بولا "بیٹا! یہ
سب کچھ کیا ہو رہا ہے؟ کیوں ہو رہا ہے؟ اسے تو نہیں جانتی،
نہ میں جانتا ہوں، نہ یہ لوگ جانتے ہیں۔ تو اسے سمجھنے کی

کوشش بھی مت کر۔ ایک چپ، یہاں تو دم مارنے کی جگہ نہیں!"

اسی ناولٹ کے آغاز میں غروبِ آفتاب کی بامقصد منظر نگاری کے چند بے تلے جملوں میں ایک پُراسرار خون آشام کیفیت کے نقوش دیکھیے:۔

آج شام سورج کی ٹکیہ بہت ہی لال تھی۔ آج آسمان کے کوٹلے میں کسی بے گناہ کا قتل ہو گیا تھا اور اُس کے خون کے چھینٹے بکائن پر پڑے ہوئے نیچے تلو کے صحن میں ٹپک رہے تھے۔ ٹوٹی پھوٹی کچی دیوار کے پاس جہاں گھر کے لوگ کوڑا کرکٹ پھینکتے تھے ڈبّو منہ اُٹھا اُٹھا کر رو رہا تھا۔

"ایک چادر میلی سی" پنجاب کی دیہی زندگی کی جیتی جاگتی تصویر ہے۔ تصویر بھی اُس معاشرتی زندگی کی جو عموماً کسی تاریخ نویس کے قلم کی گرفت میں نہیں آیا کرتی۔ پنجابی احساس و جذبہ، آہنگ و لہجہ کا جو اصلی سار وپ یہاں ملتا ہے وہ بے مثال ہے۔ نفسیاتی مدافعت و مفاہمت کی اتنے چھوٹے کینوس پر اس سے بہتر اور عظیم تر تصویر کشی نہیں ہو سکتی۔ ساہتیہ اکاڈمی سے انعام یافتہ یہ شاہکار پنجاب کے عوام کا نشاطیہ، المیہ اور رزمیہ سب کچھ ہے اور پنجابی زبان و معاشرہ خصوصاً پنجابی زبان کی ساخت پر داخت اور اس میں رچے بسے کلچر، استعارہ، تلمیح، تشبیہ و کنایہ کا رکھ رکھاؤ اور ان سب عناصر سے تیار شدہ رنگ و آہنگ اُس فضا کا آئینہ دار ہے جسے ہم پنجابیت کہتے ہیں۔ اردو کے اس عظیم ناول کی لسانی فضا پنجابیت سے مملو ہے۔ بلا تامل ہم کہہ سکتے ہیں کہ یہ زبان اردو میں اسلوب و اظہار کی ایک جان دار نئی راہ کی نقیب ہے۔ قلعہ شاہی کی ناز بردار اردو معلٰی کو بیدی نے جمہور کے جذبات و احساسات کا ترجمان بننے کا سلیقہ سکھایا ہے۔ ایک 'درباری' زبان کو تصنع کے آسمان سے دھرتی پر اُتارا ہے۔

بیدی کی اُردو علاقائی زبانوں میں لکھنے والوں کے لئے ایک مثالی درس ہے۔ اس کامیاب لسانی تجربہ کا بغور مطالعہ کیا جانا چاہیئے۔ اس سے علاقائی زبانوں میں تخلیقی اظہار و ابلاغ کی زیادہ موثر اور زیادہ توانا راہیں کھل سکتی ہیں جو نہ صرف جمالیاتی سطح پر ہی صاف 'سیدھی اور روشن و تابناک ہوں گی بلکہ ہماری جمہوری اور سیکولر قدروں سے بھی ہم آہنگ ہوں گی اور اس طرح ہماری قومی یک جہتی کے تقاضوں پر پورا اُتریں گی۔

اُردو زبان میں پنجابیت کی گھلاوٹ کے علاوہ بیدی کے یہاں اُن کرداروں کی بہتات ہے جو پنجابیت میں ڈوبے ہوئے ہیں۔ جیساکہ اس سے پہلے بھی اشارہ کیا جاچکا ہے کہ بیدی کے کرداروں کے رسم و رواج، توہمات، اعتقادات، طرزِ رہائش، لباس، خوراک اور یہاں تک کہ اُن کے مزاح کے رنگ اور طنز کا ڈھنگ سب پنجابیت کی روح سے شرابور ہیں۔ اُن کی رگ رگ میں خلوص ہے، وفورِ حیات کی تڑپ ہے، اُن کی نگاہوں میں، اُن کے دلوں میں دھرتی کی وسعتیں ہیں، دماغوں میں ہواؤں کی مستیاں۔ اُن کا ہر سانس محبت سے معمور ہے۔ یہ اکھڑ اور جھکڑ مرد و زن زندگی کی اُس ادائے خاص پر فریفتہ ہیں جسے بننے بگڑنے، پھر بننے اور پھر بگڑنے یا وجود و عدم و وجود کا لامتناہی سلسلہ کہا جاتا ہے۔ زندگی کے یہ رمز شناس زندگی کرنے کے لئے اصول بناتے ہیں اور جب دیکھتے ہیں خود زندگی ان اصولوں کے ہاتھوں بے بس ہوگئی ہے، ان کے چنگل میں اس کا دم گھٹنے لگا ہے تو یہ ان اصولوں، عقیدوں کی بندشیں توڑ دیتے ہیں۔ نئے قانون وضع کرتے ہیں۔ زندگی کے رسیا پنجابی کو یقین ہے کہ عقیدے زندگی کے لئے ہوتے ہیں، قانون زندگی کے تابع ہوا کرتے ہیں۔ زندگی عقیدوں کے لئے نہیں ہوتی اور نہ ہی زندگی قانون کے تابع ہوا کرتی ہے۔

مزید برآں قانون اور عقیدے زندگی کی عصری حقیقت کے ساتھ

ساتھ بدلتے رہتے ہیں۔ پنجابی ہر دور کے مذاق سے ہم رنگ اور ہم آہنگ ہو کر نئے مزاج کا نیا کارساز پیدا کر لینے کا حوصلہ رکھتا ہے۔ انقلاب کے آلام اور تبدیلی کے تشنج سے وہ ہنستے ہوئے سُرخرو اور بے نیاز رہتا ہے۔ وہ جانتا ہے کہ یہ سب تو زندگی کا حصہ ہیں۔ زمانے کی چال پر قہقہہ زن پنجابی ہر ناگوار کو خوش گوار، ہر اجنبی دھرتی کو اپنی دھرتی میں بدل لینے کا گُر جانتا ہے۔ بیدی کے بیشتر کردار آلام و حوادث کی بھیڑ بھاڑ میں جیتے ہیں مگر آلام سے اوپر اُٹھ جاتے ہیں یا حوادث سے پرے نکل جاتے ہیں۔ وقت کی نرم و درشت ہر آواز پر لبیک کہنے والے یہ سادہ دل مگر سخت جان راہرو صدیوں کی گرد کو پیچھے چھوڑتے ہوئے عازمِ سفر رہتے ہیں۔

بیدی میں عورت کردار خاص توجہ کے مستحق ہیں۔ گرہن کی ہولی، چھوکری کی لوٹ کی رتنی، گھر بازار میں کی درشنی، کوکھ جلی کی بے نام ماں، ایک عورت کی دمو، لاجونتی کی لاجو، اپنے دُکھ مجھے دے دو کی اندو اور ایک چادر میلی سی کی رانو ہندوستانی عورت کے کم و بیش ایک ہی رُوپ کی مختلف صورتیں ہیں۔ یہ اُس عورت کا روپ ہے جو عام زبان میں مظلوم ہے، جو لُٹتی ہے، جو اجتماعی زندگی میں اپنے مقام سے نابلد ہے اور جو ایسا تاثر دیتی ہے کہ لُٹ جانا کسی قدر اُسے مرغوب ہے۔ شاید معاشی اور معاشرتی بندھنوں نے اُسے احساسِ کمتری کے بھنور میں ہاتھ پاؤں مارنے کے لئے چھوڑ دیا ہے لیکن وہ ان بندھنوں کو اپنی آزادی، اپنی قدرت کا حاصل تصوّر کرتی ہے۔ وہ حالات کے آگے گھٹنے نہیں ٹیک دیتی۔ وہ اپنے خاوند سندر لال کی 'دیوی' نہیں بلکہ وہی لاجو بن کر جینا چاہتی ہے جو کبھی گاجر سے لڑ پڑتی تھی اور مولی سے مان جایا کرتی تھی (لاجونتی)۔ وہ مدن کی اندو ہے جو مدن کے سارے دُکھ لینے اور اپنے سارے سُکھ اُس پر، اُس کے خاندان پر نچھاور کرنے کو تیار ہے (اپنے دُکھ مجھے دیدو)۔ وہ اپنے لقوہ زدہ اور رال ٹپکانے والے نیچے

۹۷

کی ماں دمّو ہے جس کی مسرتیں محض جسمانی نہیں ہیں، بلکہ اُس کا اپنا وجود تخلیقِ نو میں تحلیل ہو چکا ہے، سرایت کر چکا ہے (ایک عورت)۔ وہ خدمتگزار اور وفاشعار بیوی ہے ہولی کی طرح، جس کی مادریت کو گھر کے ہی راہو (اُس کے شوہر رسیلا) اور اُس کے اپنے ہی مائیکے کے کیتو (گنھو رام) کی مکارانہ ہوس نے گہنا دیا ہے (گرہن)۔ وہ پرسادی کی بہن اور اپنے والدین کی بیٹی رتنی ہے جس پر تخلیق کاری کی اذیت کا راز منکشف ہونے لگا ہے (ٹھوکری کی لوٹ)۔ وہ بوڑھی ماں ہے گرمی میں مبتلا اپنے جوان بیٹے گھمنڈی کی۔ وہ اُسے کوستی اور پیٹتی بھی ہے اور اُس پر واری بھی جاتی ہے (کوکھ جلی)۔ وہ رانو ہے (ایک چادر میلی سی)، عورت ذات کے جتنے بھی رشتے متصور کیے جا سکتے ہیں اُن سب میں بندھی جکڑی ہوئی رانو جو تلوکے (اپنے خاوند) کی مار سے بچنے کے لیے بچاؤ، بچاؤ کی دہائی بھی مچاتی ہے اور اُسے بچانے کے لیے آئی ہوئی عورتوں کو بھگا بھی رہی ہے، "کھبردار، جو کسی نے چھڑایا، تم سب جاؤ ... کیا تم کو نہیں پڑتیں؟" یہی رانو نہ صرف اپنے مرحوم خاوند کے چھوٹے بھائی سے شادی کر لیتی ہے بلکہ مرحوم کے قاتل سے اپنی بیٹی بڑی کا بیاہ رچانے کے لیے بھی مان جاتی ہے۔

عورت کے ان رُوپوں اور سبھی رُوپوں کا نسب ہمارا لونی تو ہے۔ وہ ایک ایسی عورت ہے جو "باغی نہیں ہے، رشو کا سروپ ہے جو زہر پی کر بھی سنسار کو امرت دینے پر آمادہ ہے" (محمد حسن)۔ جو منوائے جانے کے لیے رُوٹھتی ہے، پٹتی ہے۔ جس کی گھریلو بغاوت میں مفاہمت کے سَو سَو پہلو ہیں۔ وہ ہزاروں رازوں کا ایک راز ہے :۔ تخلیق کی قوت، زمان و مکان میں قید بھی اور زمان و مکان سے باہر بھی۔ وہ نہ صرف خود زندہ رہنے کی متمنی ہے بلکہ زندگی ہے، زندگی کا وقار ہے۔ جس کی دوشیزگی کی انتہا ازدواج اور اولاد ہے، جس کی بیوگی کا درمان بھی ازدواج ہی ہے کیونکہ وہ ماں ہے، تخلیق

کا سرچشمہ اور اس کی محافظ ماں، جس کے ایثار سے زندگی کی کرن پھوٹتی ہے، جس کے کرب میں زندگی بھر کا درد ہے، جس کی آہوں میں زندگی کا تنفس اور آنسوؤں میں آبِ بقا ہے۔ کلچر کے تناظر میں راٹو پنجابیت کا سمبل SYMBOL ہے۔ اس کا ٹوٹ جانے پر بھی ٹوٹنا محال ہے، وہ لاموت اور لازوال ہے۔

بیدی کے مرد کردار دوسرے معنوں میں پنجابیت کے علم بردار ہیں۔ ان کے جینے کا مقصد انفرادیت کی آگہی، انا کا سراغ اور ایک باوقار وجود کی تلاش ہے۔ وہ اس باطنی وقار، اطمینان، خودداری اور سربلندی کے متلاشی نظر آتے ہیں جو بقول محمد حسن "مادی اسباب و علل پر بے نیازی کے ساتھ مسکرا سکے، جو حالات سے ہم آہنگ تو ہو مگر ان کا غلام نہ ہو، جو ہمت اور جرأت کے ساتھ سر اٹھا کر کھڑا ہو سکے اور اپنی آواز کو پہچان سکے"!

درحقیقت آدمی کو اپنی خودی، اپنے وجود، اپنی قدر و اہمیت کا جو احساس بیدی دلاتا ہے وہ نہ تو کرشن چندر اپنے مضبوط کاٹھی کے انسان کے وسیلے سے اور نہ ہی منشی پریم چند اپنی حقیقت نگاری سے دلا سکے۔ موخر الذکر اپنے کرداروں کو جنگ کے اصولوں سے باخبر کئے بغیر مسلح اور شاطر دشمنوں کے بیچ چھوڑ دیتے ہیں۔ مگر یہ بیدی ہی ہیں جو اپنے افسانوں میں کرداروں کو ان کی "خودی سے ایک نئی نہج سے متعارف" کرواتے ہیں اور انہیں ایک بدلے ہوئے نئے معاشرے کے "نئے اخلاقی سیاق میں ایک مختلف طور پر زندگی کرنا اور زندگی کی تعذیب جھیلنا" سکھاتے ہیں۔ یہ بیدی ہی ہیں جو افراد کو "خوابوں کا حوصلہ دیتے ہیں، یقین کی چمک دکھاتے ہیں حتیٰ کہ ان کے سینے دھڑکنے لگتے ہیں، ان کے مساموں سے آنچ آنے لگتی ہے۔ وہ اپنی زندگی

جینے کے درپے نظر آتے ہیں"۔ (عتیق اللہ)۔

مثالیں چاہئیں تو ملاحظہ ہو" معاون اور ہمیں" کا خود دار پتمبر لال، "من کی من میں" کا غیور مادھو، "حیاتین ب" کا حوالات میں مسکراتا ہوا ماتا دین، "تلادان" کا عزتِ نفس کا محافظ دھوبی کا گورا چٹا چھوکرا بابو، "غلامی" کا ریٹائرڈ پوسٹ ماسٹر پولہو رام، "بچھمن" کا بچپن برس کا مجرد بچھمن جسے "بابا" کے لفظ سے سخت چڑ ہے، "لولو" کا عدم مساوات اور استحصال کا دشمن و نائی، "ایک باپ بکاؤ ہے" کا غیرت مند باپ گندھرو داس، "ببل" کا عارضی باپ درباری لال، "حجام الہ آباد کے" کا خود کفالت کا متلاشی کلرک بدھان چند، "ہمدوش" کا سنگی کھیڑا جو کارنبکل کے مرض میں مبتلا ہے مگر جوڑے والیوں، خوانچہ والوں اور مزدوروں کے ہم دوش چلنے کا ارمان لئے ہوئے ہے۔ یہ اور ایسے ہی دیگر مرد کردار نہ صرف یہ کہ زندہ رہنے کے خواہش مند ہیں بلکہ ایک باوقار زندگی گزارنے اور باوقار زندگی کے لئے مرجانے کا عزم رکھتے ہیں۔ اُن کی ذات میں پنجابیت کی حرارت ہے۔ ایثار کا جذبہ ہے۔ ملاحظہ ہو کوارنٹین میں نو عیسائی خاکروب ولیم بھاگو کی فرض شناسی۔ اس میں ایثارِ نفسی کا یہ جذبہ کوٹ کوٹ کر بھرا ہوا ہے۔ ایک چادر میلی سی کا بابو حضور سنگھ نہ صرف اپنی ذات کے ناکافی پن سے آشنا ہے بلکہ وہ تو اس ناکافی پن سے پیدا ہونے والی محرومی و معذوری کا تماشا بھی، اس کا تماشائی بھی اور کوئی جوگی کوئی رمتا رام بھی ہے جو معذوری کے اندھیرے میں دِبیہ درشٹی پالیتا ہے، زندگی اور تخلیق کا محرم بن جاتا ہے۔ وہ اپنی اس روشنی کو رات کے اندھیرے میں بکھیر دیتا ہے' یہ ہے ایک تیز چکا چوند کردینے والی روشنی جو چھپاک چھپک کر لپک لپک کر اُس کی بھورانی کی طرف جاتی ہے اور پوری طرح سے اُس کے بدن کا احاطہ

کر لیتی ہے اُور ہمیں اُس پنجابیت کی امر کتھا سناتی ہے جو ہر پنجابی کا مقدر ہے یعنی رونے دھونے سے نہیں بلکہ ہنسنے کھیلنے، کھانے اُور پہننے سے زندگی کی تپسیا پوری ہوتی ہے۔

بیدی کے افسانوں کی فضا اکثر و بیشتر پنجابی ہے، ہلکے پھلکے پنجابی چوچلوں اُور چونچالوں سے بھری پڑی ہے۔ مثلاً ایک چادر میلی سی کے پہلے چار پانچ صفحے ہی پڑھیئے اُور پنجابی معاشرے کے واقعاتی ماحول اُور مزاج سے آشنا ہو جایئے۔

"ڈبو (کتا) منہ اُٹھا اُٹھا کر رو رہا تھا، ملتانی مٹی کے گھڑے رس رہے تھے... ڈبو کی چہیتی کتیا بوڑی کی آنکھیں کا نچ ہو چکی تھیں.... ڈبو نے اُسے ایک دو بار سونگھا اُور پھر اچانک چل دیا.... رانو اُور اس کی پڑوسن جنّو ایک دوسرے کا منہ تکنے لگیں.... جنوں کی کوکے والی ناک .... اُور مردوں والی گالی.... دولت کے ڈھیر اُور مردوں کی لام.... جوہڑ کا کنارا... باواہری داس والا ٹنڈا پیپل.... جتی ستی سائیں بابا اُس کا لوہے کا لنگوٹ.... ٹونکے ٹوٹنے..... مٹّھے ماہٹے کی بوتل.... دیوی کا مندر.... خانقاہ والا کنواں، فارم کی کپاس، کوٹلے کی پھروا ہنہ، جامن اُور بکائن... اُور کیوں جہلیں۔ پھر کیا مرضی ہے؟" جو تیری ماں کی، تلو کا!..."

یہ ہے خاکہ، محض خاکہ، اُس ناول کے چند ابتدائی صفحات کا جو پنجابی زندگی کی شیریں اُور تلخ وار داتوں، رات کی آہوں اُور دن کی واہوں سے معمور ہے۔ یہاں چھیڑ چھاڑ بھی ہے، مار پٹائی بھی، اُور صلح صفائی بھی! طنز کی کاٹ بھی ہے، مزاح کی گھلاوٹ بھی، چہلیں بھی، گالیاں بھی۔ رنڈیئے! ڈائنے! اجڑ یلے جیسی ڈانٹ پھٹکار بھی۔ اُور رانیئے! دھیئے! جیسی نرم گفتار بھی۔ دیوی ماں کی بھینٹیں بھی، سہاگ کے گیت بھی، بیاہ گھوڑیاں بھی،

ٹپّوں کے بول اور پرندوں کے چہچہے بھی۔ اور تو اور سردار جی کی گم شدہ اکنّی کا لطیفہ بھی۔ اُلاہنے اور سٹھنیاں بھی۔ ساس بہو کی نوک جھونک بھی۔ عورتوں میں مشورے اور مردوں میں تذکرے بھی۔ دیہاتی کاروبار کی گہما گہمی بھی۔ پنچوں کے فیصلے بھی۔ قتل بھی اور مفاہمت بھی۔ شرماتی برماتی گوریاں اور ہنستے کھیلتے گبھرو جوان بھی۔ بوڑھوں کی دیدہ درشٹی، مندر کی گھنٹیوں کا غوغا اور مسجد میں اذان بھی۔ انسانوں کی مصروفیات اور قضیہ کلیشوں میں میلے ٹھیلے بھی ہیں اور مویشیوں، چرندوں، پرندوں، کیڑے پتنگوں کی چہل پہل بھی۔ "ایک چادر میلی سی" بس پنجابیت یعنی ولولہ ساماں زندہ دلی کی بھرپور عکاسی ہے۔

یہی حال بیدی کے افسانوں کا ہے۔ آپ کسی مجموعے کو اٹھا کر دیکھیے۔ دانہ و دام ہو یا گرہن، کوکھ جلی ہے یا اپنے دُکھ مجھے دے دو، ہمارے ہاتھ قلم ہوئے یا مکتی بودھ۔ بیدی کی پنجابیت نگاری آپ کو ہر جگہ ملے گی۔ منظر کشی ہو یا محبت کی داستان گوئی، رُوٹھنے منانے کے قصّے ہیں یا چھوٹے چھوٹے لوگوں کی چھوٹی چھوٹی شکائیتیں، دُکھ تکلیفیں۔ وہی پنجابی اوہام، پنجابی تہوار، پنجابی رسمیں، پنجابی موسم، پنجابی لباس، پنجابی اجناس، پنجابی کامگاروں کی رلشیہ دوانیاں، پنجابی بچوں، بوڑھوں، مردوں اور عورتوں کی لغزشیں، کدورتیں اور محبتیں اور ان سب کے پیچھے وہی ولولہ ساماں زندہ دلی، وہی پنجابیت! بلکہ یہ بھی ہوا ہے کہ وہ افسانے جو بظاہر غیر پنجابی کرداروں اور جگہوں وغیرہ سے متعلق ہیں، اُن کی باطنی اور خارجی فضا پنجابی تہذیب کے رنگ میں ڈوبی ہوئی ہے۔ وجہ ظاہر ہے، ایک تو یہ کہ بیدی خود پنجابی ہیں اور دوسرے یہ کہ اُن کی پنجابیت کو اُن کی ہندوستانیت سے الگ نہیں کیا جا سکتا۔

خلاصۂ کلام یہ کہ جب کبھی ہندوستانی ادبیات میں انسان دوستی کی

تاریخ لکھی جائے گی تو راجندر سنگھ بیدی کا نام اُس تاریخ میں ایک اہم نام ہوگا۔ اور اُن کی انسان دوستی کو وطن دوستی اور پنجابیت کے حوالے سے جانا پہچانا جائے گا کیونکہ بقول بیدی "کبھی کبھی پیڑ کے بارے میں کم، اس کی جڑوں کے بارے میں زیادہ لکھ گیا ہوں کہ اصلی پیڑ تو زمین کے اندر ہی ہے .... مگر جو لکھا ہے وہ پوری ایمان داری اور جتن سے لکھا ہے"۔ لہٰذا مناسب یہی ہے کہ بیدی کی پنجابیت کو اس کے صحیح تناظر بیدی کی وسیع مشربی میں دیکھا جائے، پیڑ کی جڑیں ہی اصلی پیڑ ہوا کرتی ہیں، خارجی وجود کی پہچان بیج اور جڑوں سے ہی کی جاتی ہے۔ بیدی کی پنجابیت انسانیت کی علامت تو ہے ہی، انسانیت کی ضمانت بھی ہے!

—— ٥ ——

حوالہ جات:

۱۔ عصری آگہی۔ دہلی۔ شمارہ اگست ۱۹۸۲ء
۲۔ پروازِ ادب۔ پٹیالہ۔ شمارہ نومبر دسمبر ۱۹۸۵ء

اُردُو غزل گوئی۔ ایک محاکمہ

غزل ایک نازک صنفِ شاعری ہے۔ جیسے ہر بوالہوس حُسن پرست بن بیٹھتا ہے ایسے ہی ہر متشاعر غزل گوئی کا دعوے کرتا ہے۔

سرِ دست غزل کے تاریخی کردار پر بحث مطلوب نہیں ہے۔ حالانکہ وہ پہلو بھی ایک اہم اور تحقیق طلب پہلو ہے۔ یہیں ابھی تجزیہ مقصود ہے غزل کے صوتی اور معنوی کردار کا۔ غزلِ مسلسل کو بھی فی الحال بحث سے خارج سمجھیئے کیوں کہ اس کا ذکر تو نظم کے زمرہ میں کیا جانا ہی درست ہوگا۔

عموماً غزل کی ساخت یُوں ہوا کرتی ہے: مطلع ایک یا ایک سے زیادہ جس کے دونوں مصرعے مقفّےٰ ہوتے ہیں۔ چند اشعار اور آخر میں مقطع، ہر شعر کا مصرعِ ثانی مطلع کے شعر سے مقفّےٰ ہوتا ہے۔ بحر اور قافیہ کی پابندی لازمی، ردیف کی قید شاعر کی مرضی پر۔

عورتوں سے باتیں کرنا سے لے کر خدا سے شکایات کرنے تک سبھی قسم کے مضامین غزل میں سموئے پروئے جاچکے ہیں۔ حُسن وعشق، فراق و وصال، وفا پرستی اور بے وفائی، غم وانبساط، حسد ورشک، بے رُخی

اور بے نیازی، جبہہ سائی اور التفات، نفسیاتی، سماجیاتی، تفکیری، تہذیبی مضامین اور معانی کے اظہار کے لئے غزلیں کہی جا چکی ہیں اور کہی جا رہی ہیں۔

بظاہر غزل کا ہر شعر اپنی جگہ ایک مکمل اظہارِ خیال کا حامل ہوتا ہے، اُس کی حیثیت جداگانہ ہوا کرتی ہے، ایک الگ مضمون کی عکاس۔ مگر کیا ایسا واقعی ہے یا نہیں؟ کیا ایک غزل "منطقی" تواتر سے نا آشنا اور فقط مضامین کی کثرت کا مظاہرہ کرتی ہے؟

غالب کی اس غزل کو لیجیے، غور سے ملاحظہ کیجیے:-

درد منت کشِ دوا نہ ہُوا
میں نہ اچھا ہوا بُرا نہ ہُوا

جمع کرتے ہو کیوں رقیبوں کو
اک تماشا ہوا گلا نہ ہُوا

ہم کہاں قسمت آزمانے جائیں
تو ہی جب خنجر آزما نہ ہُوا

کتنے شیریں ہیں تیرے لب کہ رقیب
گالیاں کھا کے بے مزا نہ ہُوا

ہے خبر گرم اُن کے آنے کی
آج ہی گھر میں بوریا نہ ہُوا

کیا وہ نمرود کی خدائی تھی
بندگی میں مرا بھلا نہ ہُوا

جان دی دی ہوئی اسی کی تھی
حق تو یہ ہے کہ حق ادا نہ ہُوا

زخم گر دب گیا لہو نہ تھما
کام گر رُک گیا روا نہ ہُوا

۱۰۵

رہزنی ہے کہ دلستانی ہے
لے کے دل دلستاں روانہ ہوا
کچھ تو پڑھیے کہ لوگ کہتے ہیں
آج غالبؔ غزل سرا نہ ہوا

اس غزل میں مضمون کے لحاظ سے ہر شعر کی ایک مکمل اور منفرد حیثیت ہے، کسی دوسرے شعر کی عدم موجودگی میں بھی کسی ایک شعر کو پڑھا سمجھا جا سکتا ہے، ایک ایک شعر سے علیحدہ علیحدہ طور پر حظ اُٹھایا جا سکتا ہے۔ جہاں تک نفس مضمون میں تواتر و تسلسل کا معاملہ ہے ظاہر ہے کہ اسے تلاش کرنا بے سُود ہے۔ بہت بڑی حد تک اُردو شاعری کی ہر دل عزیزی اور مقبولیت کا انحصار غزل کے کثیر المفہوم اشعار پر ... ہے جن کی انفرادیت ایک مسلمہ امر ہے، خیال کے تنوع اور مضمون کی بوقلمونی سے دل و دماغ کو ایک طرح کی آسودگی ملتی ہے۔ تکرار سے پیدا ہونے والی ذہنی کوفت سے بچا جا سکتا ہے۔ مگر سوال یہ اُٹھتا ہے کہ کیا غزل کے اشعار کا کوئی مجموعی کردار بھی ہے؟ قدیم صحیفوں میں درج ایک شوکت کے منتروں اور اشلوکوں کی طرح ایک شوکت کے منتر کثیر المعنی ہونے کے باوجود کیوں کر ہم رشتہ ہو پاتے ہیں؟ کیا ہماری جمالیاتی تہذیب و تربیت میں کثرت میں وحدت کی اس جلوہ آرائی کا کوئی رول ہے کہ نہیں؟ عام قاری کا دھیان اس مسئلہ کی طرف جائے یا نہ جائے، مگر یہ سوال شعری جمالیات کی توضیح کے لئے نہایت اہم ہے۔

ہم جانتے ہیں کہ غزل کے اشعار میں باہمی موافقت، مطابقت، رابطہ اور یگانگت کو نظر انداز کر دیا جاتا ہے۔ یہ رویہ عام ہے۔ مشاعرہ میں داد دی جاتی ہے یا نہیں دی جاتی ہے تو ایک ایک شعر پر۔ گویا شعر شعر نہ ہوا بلکہ ایک مکمل نظم ہوئی۔ اس کی وجہ؟ اس کا جواز؟ غزل وہ صنفِ شعر ہے جو آریائی خصوصاً

ہند آریائی ادبی اور ثقافتی ورثہ ہے ۔ اس ورثہ سے ہم آج بھی بڑی حد تک جڑے ہوئے ہیں، یہ ورثہ ہماری سائیکی سے آج بھی ہم آہنگ اور منسلک ہے۔ غزل کے اشعار فنی اور فکری اعتبار سے منتر اور اشلوک کی شعری روایت سے وابستہ ہیں۔ ان میں غنائیت، تاثیر آفرینی، رمز و کنایہ کی گنجائش جیسی تمام وہ خوبیاں ہیں جن کے ڈانڈے ہماری قدیمی شعری روایت سے جا ملتے ہیں ۔ مثلاً غزل کی ساخت پرداخت میں الفاظ کا اختصار اور معنی کی جامعیت شعر گوئی اور شعر فہمی کی منتر اور اشلوک والی روایت کی طرف ایک واضح اشارہ ہے ۔

غزل کو غیر آریائی شاعری یعنی عربی قصیدوں کی تشبیب کا ایک رُوپ مان لینا اور تشبیب کو غزل کا ماخوذ قرار دینا پوری طرح سے درست معلوم نہیں پڑتا۔ اس ضمن میں آریائی اور غیر آریائی ادب میں شعری بالیدگی کا تقابلی مطالعہ معنی خیز معلومات فراہم کر سکتا ہے ۔ قدیم سنسکرت اور ہندی ایرانی زبانوں جیسے تامل، ژند اوستا، پہلوی وغیرہ میں شاعری کے جو نمونے دستیاب ہیں اُن کا اور عربی شاعری کا بغور مطالعہ غزل کے بارے میں تشبیب کی قدامت اور تقدیم کے محاکموں کی صداقت کو مشتبہ بنا دیتا ہے۔ تاہم فارسی شعر گوئی پر عربی شاعری کے اثرات اور اسی طرح اُردو غزل پر ان دونوں کے اثرات کم اہمیت کے حامل نہیں ہیں ۔ یہاں بات صرف ماخذ تلاش کرنے کی ہو رہی ہے ۔ جس کے لیئے تقدیم و تاخیر کا اصول پیشِ نظر رکھنا ضروری ہوتا ہے ۔

یوں بھی اُردو برصغیر کی زبانوں میں سے ایک زبان ہے۔ لسانیاتی طور پر دیکھا جائے تو اس کی پیدائش اور نشو و نما ہندوستان کے لسانی ماحول میں ہی ہوئی ہے ۔ ہندیائی اور غیر ہندیائی کتنی ہی زبانوں نے اسے کہیں کم کہیں زیادہ متاثر کیا ہے ۔ اس کی تشکیل و ارتقا میں مدد کی ہے ۔ یہ وہ بات ہے جس سے

انکار نہیں کیا جا سکتا، مگر اُردو زبان کا خمیر اور تخمیر ہندیائی ہے، ہندیائی ادبی روایات سے منسلک ہے۔ اسے تسلیم کرنا ہی ہوگا۔ کیوں کہ یہ ایک حقیقت ہے۔

ہاں تو غزل کا ہر شعر، شوکت۔ کے منتر یا اشلوک کی طرح اپنے آپ میں ایک مکمل مضمون کا حامل ہوتا ہے۔ ایک ایسے مضمون کا جس کا اطلاق مقامی ہی نہیں بلکہ آفاقی بھی ہوتا ہے، یعنی زمان و مکان کی قید سے آزاد۔ آفاقی ہی کیوں مثالی بھی۔ اس کی اشارہ کاری (SUGGESTIBILITY) وقت اور مقام کی سرحدوں کو پھلانگ جایا کرتی ہے۔ منتر نویس رشی (رشی کے لغوی معنی صاحبِ نظر ہیں) کی طرح غزل گو شاعر بھی مشاہدے اور تخلیقی کمال کی صلاحیت سے معنی کے بے پناہ سمندر کو نپے تلے مصرعوں کے کوزہ میں بند کر دینے پر قادر ہوتا ہے۔ شوکت کے منتروں کی طرح غزل کے اشعار بھی تخیل اور احساس کی تلون مزاجی کی رعایت سے جُدا جُدا لگتے ہیں۔ مگر نظرِ غائر سے دیکھا پرکھا جائے تو موضوع، جذبہ، خیال میں سے کوئی نہ کوئی رشتہ ان مختلف فیہ اشعار کو ایک سوکت یا ایک غزل میں ہم رنگ و ہم آہنگ بنائے رکھتا ہے۔ غالب کی مذکورہ بالا غزل اس کی ایک مثال ہے۔

اس ضمن میں شعر میں مستعمل حروف اور الفاظ کی آوازوں، اُن کے اُتار چڑھاؤ، حرکات و سکنات کی ترتیب، اُٹھان اور گہرا پن وغیرہ عناصر کا ذکر اور مطالعہ نہایت ضروری نظر آتا ہے، ان سب کی موزوں ترتیب اور ترکیبات سے ایک غزل ایک نظم بن جاتی ہے یعنی کسی دوسری نظم سے الگ ایک اکائی۔ غزل کے اشعار کو ایک ہی معنوی تاثیر، جمالیاتی تاثیر اور احساساتی فضا میسر آتی ہے۔ اس داخلی اثر آفرینی کے نتیجہ میں غزل کی اکائی وجود میں آتی ہے۔ غزل کا وہ پیکر ہمارے دل و دماغ پر چھا جاتا ہے جو محض قافیہ پیمائی کی رسائی سے بالاتر ہوتا ہے۔ یہ جمالیاتی احساس ہماری روح کی گہرائیوں میں اُتر جاتا ہے۔ بھلا ایسے میں غزل کو نیم وحشی

صنفِ شاعری قرار دے دینا جمالیاتی کج فہمی نہیں ہے تو اور کیا ہے؟

بلاشبہ غزل گوئی کے اسلوب نے کئی تیور بدلے ہیں، غزل رنگ و آہنگ کے اچھے بُرے، شاد کام اور ناکام کئی اُلٹ پھیروں سے گزری ہے۔ اس کے باوجود غزل اور غزل گوئی مذاقِ وقت کی اکثر و افر عکاسی کرتی آئی ہے اور مزاجِ عصر کی نباض رہی ہے۔ معاشرے میں جاری و ساری حسیت کی غزل گوئی نے بھرپور ترجمانی کی ہے۔ اس کے عامیانہ، حکیمانہ، سوقیانہ اور صوفیانہ سبھی طرح کے لہجے اپنائے ہیں۔ گزشتہ تقریباً سات صدیوں میں غزل نے ہمارے جمالیاتی شعور کی تربیت اور ہماری اخلاقیاتی قدروں کی آبیاری کرنے کا حق پوری طرح ادا کیا ہے، ثقافتی اقدار کو بگاڑا سنوارا ہے۔ غرض غزل نے تفریح و تفننِ طبع کے ساتھ ساتھ ہمیں روحانی غذا بھی فراہم کی ہے۔

اس نظر سے دیکھا جائے تو غزل ہمارے معاشرے کے بدلتے ہوئے تقاضوں کی نقیب اور نقش گر رہی ہے۔ اس کی سرگرم 'بہر کیف' اظہارِ ذات کے حقیقی تقاضوں پر نہ صرف یہ کہ پوری اُتری ہے بلکہ یہ بھی ہوا ہے کہ بزمِ سخن میں، محفلِ موسیقی میں اور رزم گاہِ زندگی میں غزل کے شعروں کی سرفرازی ایک ٹھوس صداقت کی طرح عیاں رہی ہے۔ نکتہ آفرینی یا آرائشِ خیال کے لئے یا تعلیم و تلقین کی غرض سے غزل کے اشعار عام گفتگو میں برجستہ برتے جاتے ہیں (منتروں اور اشلوکوں کی طرح) موقع اور محل کی مناسبت سے ان اشعار سے بہتر نشتر، ان سے زیادہ کارگر جادو کہیں نہیں ملتا۔

غزل نے بلا کی فکری گرفت اور صلاحیت کا ثبوت دیا ہے۔ سوزِ فراق ہو کہ گرمیٔ وصال، پیار کی کسک ہو کہ رُخسار کی کشش، رومان کی راحت ہو کہ عرفان کا سرور، غمِ جاناں ہو کہ فکرِ دوراں، گل و بلبل ہوں کہ دار و رسن کی واردات، کشمکشِ حیات کا رزمیہ ہو یا نمودِ کائنات کی رمز، ظاہر کی رعنائی ہو یا باطن کا کرب، معاشی اور معاشرتی تنگ و دو، سیاست گری کے دلکش پیچ، تکنیک و الیقان کی بھول بھلیاں،

روزی روٹی کے مسائل، جمہوریت کا درد، غرض یہ کہ دین سے دُنیا تک کی کوئی جُستجو، کوئی آرزو، اُمید، کوئی احساس، کوئی ولولہ، کوئی خواب، کوئی حقیقت ایسی نہیں ہے جو غزل گوئی کی دسترس سے باہر ہو۔ غزل ہر حال کی شناسا، ہر کیفیت کی ترجمان رہی ہے۔

یہ بات تو طے شدہ ہے کہ غزل میں نفسِ مضمون کے تسلسل کی گنجائش اگر مفقود نہیں ہے تو کمیاب ضرور ہے۔ غزل کی ترکیب میں انشائیہ، افسانہ، ناول یا تمثیل یا نظم کے مانند نقطۂ آغاز، نقطۂ عروج اور نقطۂ اختتام کا عمل دخل نہیں ہوتا۔ مطلع اگر رشک و حسد کا شاکی ہے تو دوسرا شعر لذتِ وصل کا غماض ہو سکتا ہے، تیسرا غم و اندوہ کا رونا روتا ہے تو چوتھے شعر میں شادکامی اور کامگاری کا اظہار کیا جا سکتا ہے۔ علےٰ ہذا القیاس۔

لیکن ہمارا محاکمہ یہ ہے کہ غزل ایک نظم ہے۔ معیاری غزل کو معیاری نظم کے تقاضے پورا کرنے ہی ہوں گے۔ ایک غزل ایک نظم کے مانند ایک اکائی ہے۔ یہ کئی اکائیوں کا بے ہنگم بکھرا یا بے طور کا بقچہ نہیں ہے۔ نظم کی کامیابی کا راز مضمون کا تواتر و تسلسل ہے۔ اسی ڈھب کا تسلسل غزل کی وحدت کے لئے بھی ضروری ہے۔ وہ کون سا تسلسل ہے جو غزل کو اکائی بناتا ہے؟

اس بحث کی روشنی میں دیکھا جائے تو غزل میں تسلسل، شعروں میں باہمی رابطہ کی کارگزاری ناگزیر ہے۔ شعر میں تواتر و تسلسل کی اصطلاح اتنی آسان فہم نہیں ہے۔ اس پر غور و فکر کرتے وقت کئی سوال ذہن میں آتے ہیں۔ مثلاً یہ کہ تسلسل کیوں اور کیسے معرضِ اظہار میں آتا ہے؟ اس کے بنیادی نکات کیا کیا ہو سکتے ہیں؟ تسلسل کی لسانی جزویات کیا کیا ہیں؟ ایسے سوال محض اضافی حیثیت کے نہیں ہیں۔ ان کا تعلق شعری تسلسل کے جوہر، اس کی ماہیت اور مبادیات وغیرہ وغیرہ سے ہے۔ ان سب کو زیرِ غور رکھنا ضروری ہے۔

چونکہ غزل میں نظم یا انشائیہ کی سی موضوعاتی وحدت ممکن نہیں ہے تو پھر غزل

کے اشعار میں باہمی یک رنگی کس قسم کی اور کس سطح پر ہوتی ہے ؟

شعری تخلیق عمل میں آتی ہے تو خیال کے علاوہ احساسات اور جذبات کا تانا بانا بھی تننا شروع ہو جاتا ہے۔ مجرّد یا معرّا تخیل کی گنجائش غزل گوئی میں نہ کے برابر ہے۔ شعری عرفان وجدانی کیفیت سے مملو ہوتا ہے۔ شعری تخلیق اس وجدان کا اظہار ہے۔ یہ محض معلوماتی ہی ہو ایسا ہونا ممکن نہیں ہے۔ معلوماتی تک بندی شاعری کے زمرے میں نہیں آتی۔ اس کے برعکس ہوتا یہ ہے کہ معلومات کے بوجھ سے شعری کردار کی روح مجروح ہو کر رہ جاتی ہے شعر گوئی قافیہ پیمائی پر ختم ہو جاتی ہے۔ ظاہر ہے کہ شعر میں جو منطق عمل پیرا ہے وہ معلوماتی علوم کی منطق سے قطعی جدا قسم کی ہوتی ہے۔ اس منطق کا سفر مستقیم خط کا سفر نہیں ہوتا۔ شعری منطق کثیر جہتی، پیچیدگی اور معنی آفرینی سے معمور منطق ہوا کرتی ہے۔

خلاصہ کلام یہ کہ غزل کے اشعار میں باہمی یگانگت پر معلوماتی منطق کا اطلاق نہیں ہوتا۔ غزل میں موضوعاتی یک رنگی کی تلاش غیر ضروری ہے۔ اور دخل در معقولات کے مترادف۔ غزل کے اشعار جس رشتہ میں منسلک ہوتے ہیں تکنیکی سطح پر بحر، قافیہ اور ردیف کا رشتہ ہے۔ غزل کے باطن میں جذبہ اور احساس کی ہم رنگی اور ہم آہنگی یہ کام دیتی ہے۔ متفرق اور مختلف خیالوں کو نظم کرنے سے کامیاب غزل وجود میں نہیں آتی۔ ہاں مختلف موضوعات پر کہے گئے اچھے شعر قافیہ و ردیف کی پابندیوں کے ساتھ ایک جگہ ضرور مل جائیں گے۔ ہمارا موقف ہے کہ غزل منتشر اشعار کا مجموعہ نہیں ہے بلکہ ایک غزل میں ایک ہی احساس، ایک ہی فکری رویہ، ایک ہی جذبہ، ایک ہی کیفیتِ حال کی بوقلمونی پر لطف کا پُرخلوص اظہار کیا جاتا ہے۔ ایک غزل کے تمام اشعار میں وہی ایک تغزل جھلکتا ہے۔ تغزل ہی غزل گوئی کی جان ہے۔ ہر غزل میں تغزل کی ایک ہی لے، ایک ہی فضا ہوا کرتی ہے جو غزل کے شعری تشخص و انفرادیت کا سرچشمہ ہے۔ تغزل کی اصطلاح یہاں ہم تاثیر آفرینی کی وحدت کے لئے برت رہے ہیں۔ ہر غزل تفکیری اور محسوساتی سطح پر تغزل کے ایک ہی ماحول میں پلتی پنپتی ہے، اور احساس کی یہ مخصوص فضا ہی غزل میں تاثیر آفرینی کی ضامن ہے۔ غزل

گوئی میں موضوع و مضمون کی اہمیت اتنی ہی ہے کہ وہ تغزل کی یک گونہ فضا میں تحلیل ہونے کے اہل ہوں۔ تغزل کی اکائی میں گھل مل کر یک جان ہو جائیں۔

شاعری اور مضمون نگاری کے ضمن میں اسلوب یعنی اسٹائل کی اصطلاح عام آتی ہے۔ غالب کا "انداز بیاں" اور ہے' داغ کا اور۔ طرز تحریر کا تجزیہ کر کے ثبوت بہم پہنچائے جاتے ہیں کہ فلاں نظم یا انشائیہ کا خالق فلاں قلم کار ہی ہو سکتا ہے۔ ادب پاروں پر اسلوب بیان کی چھاپ کا ہونا کسی ادیب کی انفرادیت کی علامت ہے۔ تخیل، جذبات اور الفاظ میں ہم آہنگی اور موزونیت تخلیق کی پختگی پر دال ہے۔ صاحب طرز شاعر کی غزل کا ہر مصرع بولتا ہے۔ مصرع بولنے کا مطلب یہ ہوا کہ شاعر شعر کی صوتی ہیئت سے باخبر ہے۔ اور غزل میں تو صوتیاتی یک جہتی اشعار کے مابین مواصلت کاری کا انتہائی طور پر کارگر وسیلہ ہے۔ اچھی غزل گوئی کا انحصار غزل کے اشعار میں صوتی کردار کی باہمی موزونیت پر ہے۔ اس صوتی کردار کا ایک اہم عنصر ہے غنائیت۔

شعر میں غنائیت سے تغزل نکھرتا ہے۔ مگر یہاں غنائیت سے مراد خالص موسیقی نہیں ہے۔ یہ درست ہے کہ موسیقی سے باہر نغماتی تاثیر کا وجود حصول ممکن نہیں ہے۔ جیسے یاسیت پسند شاعر اپنے اشعار کو خستہ دلی اور حرماں نصیبی کا ایک گونہ آہنگ دیتا ہے۔ اس آہنگ کی رو میں الفاظ و معنی کے باہمی تلاطم سے وہ غنائیت پیدا ہوتی ہے جو رقت آمیز حزن و ملال کو آہنگ دے دیتی ہے۔ یہ غنائیت معانی اور الفاظ کے ساتھ ساتھ یاسیت کے زیر و بم کی عکاسی بھی کرتی ہے۔ تلفظ یعنی الفاظ کے صوتی کردار کی ادائیگی سے شعر کی فضا کو آشفتگی، دل بستگی وغیرہ کے رنگ میں رنگ دیا جاتا ہے۔ رجائیت پسند شاعر اشعار کو وہ سُر اور لَے دیتا ہے کہ غزل کو اُمید و سرخوشی کی فضا میسّر آتی ہے۔ نتیجہ کے طور پر کوئی شاعر "آہ" کہے تو کوئی

"واہ" کا، کوئی غزل گوئی میں شور انگیزی کا دم بھرتا ہے تو کوئی دوسرا سکون آوری کا۔ میر و غالب و ذوق جیسے شعرا کی بیشتر غزلیں اپنے صوتی کردار اور غنائی یک رنگی کی بدولت ہی مقبول و مشہور ہیں۔

صوتی کردار غزل کے اشعار میں ہم آہنگی جگاتا ہے۔ مضامین میں اختلاف ہونے کے باوجود مجموعی حیثیت سے ہر غزل کا ایک اپنا ہی تاثر ہوتا ہے۔ شعر کی تاثیر کا دار و مدار جہاں ہر شعر کے صوتی نظام پر ہے وہاں ہر غزل کے مجموعی صوتی نظام سے اس کی موافقت بھی بہت ضروری ہے۔ صوتی لہجہ باز گشت ہوتی ہے اُس آہنگ کی جو الفاظ کی ترتیب و بندش سے موزوں ہوتا ہے۔ الفاظ کاری کا اعجاز معانی کو بھی مترنم کر دیتا ہے۔ یہ ترنم نہ صرف اندازِ بیان کی پہچان ہوا کرتا ہے بلکہ ترنم سے احساس کو زبان اور جذبہ کو محاورہ میسّر آتا ہے۔ ہمارے عندیہ میں تخیل کی موزونیت، الفاظ کاری کی مناسبت اور احساس کے زیر و بم اور ان تینوں کی آمیزش سے جنم لینے والا غنائی انعکاس وہ ضروری اجزا ہیں جن سے ایک موثر غزل کا خمیر اُٹھتا ہے۔

فن موسیقی میں جو اہمیت لحن اور آواز کو ہے وہ شاعری میں الفاظ کو ہے۔ مرتب ہو کر آواز نغمہ، راگ، گیت بن جاتی ہے منضبط ہو کر الفاظ نظم یا نثر بن جاتے ہیں۔ لحن اور الفاظ کو ترتیب دینے کی بے پناہ صورتیں ہیں۔ ملنے جڑنے کے بے شمار مقام ہیں، لسانی، زمانی اور مکانی مقام۔ الفاظ میسر نہ آئیں تو شعر گوئی کیوں کر ہو! لحن نہ ہو تو موسیقی کہاں سے آئے؟ بے زبان شاعری نہیں کر سکتے۔ گونگے موسیقار نہیں بن سکتے۔ ایک اور بات قابلِ ذکر ہے۔ موسیقی کا جادو جگانے کے لئے علامت موسیقی میں سُر تال کو جگانا ہوتا ہے۔ موثر شعر کہنے کے لئے بحر، وزن، قافیہ، ردیف، احروف کو ملانے جوڑنے کی حرکات، سکنات، صوت و صدا کی موافق تکرار یعنی لفظی و معنوی صنائع و بدائع کا ضروری رکھ رکھاؤ

سب کو جٹانا ہوتا ہے۔

لفظوں کے ملنے ملانے اور ٹکراؤ سے غنائیت اُبھرتی ہے۔ لفظ کے لغوی معنی پھینکنا یا منہ سے باہر پھینکنا کے ہیں۔ لیکن بات کرنے کا سلیقہ ہوتا ہے۔ الفاظ کو ربط و ضبط میں سانٹھنا گانٹھنا پڑتا ہے۔ تب کہیں جا کر وہ غنائیت جنم لیتی ہے جس میں معانی اور جذبات ہم آہنگ ہوں۔ شعر منتر بن جائے۔ "آورد" "آمد" میں تبدیل ہو جائے۔ تغزل چہک اُٹھے۔

شعر کی انتہا ہے کہ وہ منتر بن جائے۔ تغزل بامقصد اور بامراد ہو۔ بے مقصد غنائیت معانی کی جان پر بنا لے گی۔ بامقصد غنائیت معانی کا رنگ نکھارے گی۔ غنائیت کا فقدان تغزل کی موت کے مترادف ہے۔ تغزل کی موت غزل گوئی کی موت ہے۔ ایک غزل کی سالمیت اس میں موجود تغزل کی وحدت پر منحصر ہے۔ تنقید و تفہیم کا مقصود پوری غزل ہونا چاہیئے نہ کہ ایک آدھ شعر یا ایک آدھ مصرع۔ مطالعہ کی اصل غرض و غایت ایک غزل کی تفہیم ہے نہ کہ اُس کے ایک یا دو شعروں کی۔ غزل کے اجزا کا یعنی بے ربطی و بے ضبطی کا تجزیہ جو غزل گوئی کی روح اور غزل کے مزاج دونوں کو مصلوب کر دے **کس کام کا؟**

بھائی نند لال گویاؔ : ایک مطالعہ

نام نند لال تخلص لالی اور گویاؔ۔ بھائی کا لقب اعزازی گورو گوبند سنگھ جی نے مرحمت کیا بچپن آگرہ اور غزنی میں گزرا۔ آپ کے والد لالہ چھجو رام جی وہاں سرکاری ملازمت میں رہے تھے۔ انہیں شہزادہ دارا شکوہ کی سرپرستی میسر آئی تھی۔ شاہجہاں کا دورِ حکومت تھا۔ منشی چھجو رام نے سنسکرت، فارسی اور عربی زبان و ادب میں خاطر خواہ استعداد پائی تھی۔ ہندو دھرم اور مذہب اسلام کی مشترکہ اقدار سے گہرا شغف رکھتے تھے۔

نند لال مشکل سے اٹھارہ بیس برس کا ہوگا کہ سایۂ پدری بھی سر سے اٹھ گیا۔ ماں کو مرے کئی برس ہو چکے تھے۔ یہ حادثہ ۱۶۵۲ء میں غزنی میں پیش آیا۔ وطن سے دور نوجوان نند لال کو کچھ دیگر ایسے نامساعد حالات کا سامنا ہوا کہ وہ غزنی کو چھوڑنے پر مجبور ہو گیا اور ملتان میں مقیم ہوا، گھر بنوایا، شادی رچائی۔ وہیں منشی کی اسامی پر مامور ہوا، نوکری سرکاری تھی۔

اپنی محنت، لیاقت اور دیانت داری کے طفیل نند لال ترقی کے مدارج طے کرنے لگا۔ منشی سے میر منشی بنا، اور پھر قلعہ دار۔ قلعہ دار سے فوجدار ہوا اور انجام کار اُسے ملتان کی نائب صوبہ داری تفویض ہوئی۔ وقت نے اچانک پھر کروٹ

لی ۔ انہی دنوں شاہجہان کو تخت سے دست بردار ہونا پڑا۔ اور کچھ خانہ جنگی کے بعد اورنگ زیب عالمگیر ہندوستان کا بادشاہ بنا۔ اُس کا بڑا بھائی ہونے کے باوجود دارا شکوہ پر شاہی عتاب ٹوٹا۔ اسی اتھل پتھل کے نتیجہ میں نند لال کی نائب صوبہ داری جاتی رہی۔

مغلوں کا راج تھا۔ فارسی زبان کا بول بالا تھا۔ یہ نہ صرف دفتری اور سرکاری زبان تھی بلکہ علمیت اور شرافت کا تسلیم شدہ معیار بھی یہی زبان ٹھہری تھی۔ یہ نند لال کی خوش قسمتی تھی کہ اُس کی ابتدائی تعلیم اور تربیت ایک ایسے باپ کی زیر نگرانی سرانجام پائی تھی جو شاہجہانی دربار میں ایک بارسوخ ملازم تھا اور جسے فارسی زبان و ادب پر خاصا عبور حاصل تھا۔ عالموں کی صحبت اور ذاتی ذہانت و انہماک سے بچپن میں ہی نند لال نے فارسی شعر و ادب میں حیران کن استعداد حاصل کر لی تھی۔ اور وہ شعر گوئی کی طرف بھی خوب متوجہ ہوا تھا۔ ترجمہ کی زبانوں ہندی، اُردو اور مادری زبان پنجابی کے علاوہ نند لال نے عربی زبان میں بھی درخور اعتنا لیاقت پیدا کر لی تھی۔ مشق و ریاض سے شعر کہنے کا سلیقہ بھی آ گیا۔ صوفیانہ کلام اور بھگتی شعر و ادبیات میں اُس کی دلچسپی بڑھی، خصوصاً گُربانی میں۔ گورو گوبند سنگھ کو اپنا مرشدِ کامل تسلیم کیا۔ سکھ دھرم اور مریادا سے بخوبی آگاہ ہو گیا۔ اُن دنوں آنندپور اور پونٹہ صاحب گورو جی کی روحانی، سماجی، سیاسی، شعری اور ادبی سرگرمیوں کے دو قابلِ ذکر مراکز تھے۔ اہلِ نظر حضرات دور و نزدیک سے کشاں کشاں ایک گونہ ارادت مندی، اور عقیدت سے سرشار ان دو جگہوں کی طرف رجوع کر رہے تھے، بلکہ کھنچے چلے آ رہے تھے۔ کشش ہی کچھ اس قدر اور اس قسم کی تھی۔

ملازمت سے معزول ہو جانے پر نند لال گویا بھی اپنے اصلی شوق کو زیادہ عرصہ تک نہ ٹال سکا۔ افرادِ کنبہ کو ملتان میں ہی چھوڑا۔ اور خود تن تنہا مرشدِ کامل کے دربار میں حاضر آیا۔ اور اس خودسپردگی کا یہ عالم تھا کہ پھر باقی عمر کے چالیس پچاس برس وہیں گزار دیئے۔ شاعری کے علاوہ ضرورت کے وقت گورو جی

کا مخلص مشیر و مصاحب بھی رہا۔

گویاؔ نے فارسی میں ایک مختصر دیوان تصنیف کیا۔ قطعات اور رباعیات بھی کہیں۔ حافظ شیرازی کی زمین میں غزلیں لکھیں۔ ایک طویل مثنوی "زندگی نامہ" کہی۔ نثر و انشاء کے چند رسالے مرتب کئے۔

ظاہر ہے کہ فارسی شعری روایت کے تناظر میں دیکھا جائے تو گویاؔ کا کلام صوفیانہ ہے اور سکھ دھرم کی روشن ترین روایاتِ سخن کا ترجمان۔ مگر باطن میں گویاؔ کی شاعری کا مفہوم اور مقصود اُس روایت سے منسلک ہے جسے بھگتی ساہتیہ کہا جاتا ہے۔ بھگتی ساہتیہ سے متعلق دو تین باتیں ذہن نشین کر لینا ضروری ہے۔ اولاً یہ کہ بھگتی لہر ہندوستان گیر تحریک تھی۔ ثانیاً یہ کہ بھگتی تحریک کے شاعر اپنی اپنی مادری زبان میں علاقائی کلچر کے چوکھٹے کے اندر رہ کر اور اس سے باہر نکل کر شعر کہتے تھے۔ تیسرا نکتہ جو یاد رکھنا چاہیئے وہ یہ ہے کہ یہ صنفِ شاعری عوام میں عموماً ہر دلعزیز تھی کیوں کہ علماء اور شرفاء نے شعری اظہار و ترسیل کے لیے سنسکرت اور فارسی زبانوں کو اپنا رکھا تھا، اور عوام النّاس ان دونوں زبانوں سے نابلد تھے عوامی زبانیں عوام کے جذبات و خیالات و احساسات کی کلّی طور پر ترجمان تھیں۔ چوتھی بات یہ کہ فرد اور سماج کی اصلاح و بہبود بھگتی تحریک کا لازمی جزو تھا۔ جس کے لیئے اس تحریک نے شاعر راہنماؤں نے اپنے خیالات کے ابلاغ و ترسیل کے لیئے کتابی زبان و بیان کا پیرایہ اختیار کرنے کی بجائے محفلِ موسیقی، بھجن کیرتن پر زیادہ زور دیا۔ اس غرض کو پورا کرنے کے لیئے ملک بھر میں گھومنے پھرنے اور وعظ اور پرچار کرنے کے عوامی ذرائع کو بجا طور پر ترجیح دی۔ سنسکرت اور فارسی کے شاعر بھی بالواسطہ یا بلاواسطہ اسی تحریک سے خود بخود آ جڑے تھے۔ اجمالاً گویاؔ نے اپنی فارسی شاعری میں بھگتی لہر کی شاعری سے بھرپور استفادہ کیا ہے۔

گویاؔ بھگتی تصوف کا فارسی شاعر ہے۔ سہمے اور سسکتے ہوئے مغل سامراج کے زمانے کا شاعر مگر گونجتی گرجتی ہوئی بھگتی تحریک کا شاعر۔ انسان دوستی

HUMANISM کی بیداری کا شاعر، انسانی برادری کے نقطۂ عروج بھگتی (عشق) کا شاعر، انسانی رشتوں کے ظاہر و باطن کا ناقد و شاہد۔

گویاؔ کو محض پنجاب یا محض سکھ دھرم کا ترجمان شاعر کہنا بجا نہیں ہے۔ وہ اُس بھگتی تحریک کا شاعر ہے جو نہ صرف پنجاب بلکہ سارے ہندوستان میں کئی صدیوں تک جاری و ساری رہی۔ تامل شاعروں نے نویں دسویں صدی عیسوی میں اس تحریک کا آغاز کیا۔ اور پانچ چھ سو سالوں کے اندر اندر جنوب، مغرب، شمال اور مشرق تک سارا ہندوستان بھگتی شاعروں کے شعر و نغمہ سے گونجنے لگا۔ بھائی نندلال گویاؔ کا زمانہ سترھویں صدی عیسوی کا زمانہ ہے۔ اس دور تک آتے آتے سینکڑوں ہی شعرا نے اپنی اپنی بولیوں میں بھگتی کا پیغام گھر گھر پہنچا دیا۔ یہ پیغام تھا: خدا کی بھگتی' اور خدا کے بندوں سے عشق۔

اب ایک طائرانہ نظر اُن چند اہم ناموں پر جن کی شعری تخلیقات کو بھگتی تحریک کی نمایاں اور مضبوط کڑیاں شمار کیا جاتا ہے۔ تامل کے آلوار اور سدھ کوی، کنڑ زبان کا شاعر رنجگن ستو لوگی، مراٹھی اور گجراتی زبانوں کے شاعر گیانیشورا، نامدیو، تکارام اور نرسنگھ مہتہ۔ پنجابی اور ہندی کے بھگت کوی فرید، کبیر، روی داس، تلسی داس، بابا نانک اور میراں بائی، تلگو زبان کے تنہیا اور تیاگ راج، کشمیری شعرا لال دید، نند رشی اور حبہ خاتون۔ بنگلہ اور آسامی بھاشاؤں کے کوی ودیاپتی، چنڈی داس اور شنکر دیب۔ ہندی، اُردو اور فارسی کے ممتاز شاعر امیر خسرو۔ ان ہی ادوار میں عالموں کی زبان سنسکرت کے بے شمار سخن گو ہوئے ہیں جو بھگتی کی تحریک سے متاثر ہوئے۔ اس ضمن میں بھگتی کے لازوال صحیفہ بھگوت گیتا کو جو ممتاز مقام حاصل ہے، وہ کسی تعارف کا محتاج نہیں ہے۔

ان بھگتی شعرا کے تخلیقی نابغہ کا صدقہ کہیے کہ ہندوستان کو کلچر اور جذبات کی ہم آہنگی میسر آئی۔ عالمانہ دانشوری سے وجود میں آنے والی یگانگت نہیں بلکہ وہ یک رنگی اور یک جہتی جو عوامی شعور تک اُتر گئی اور اُسے نکھارا سنوارا۔

بھگتی اندولن کے سخن سنجوں نے دھرم اور وچار، مذہب اور خیال کی آزادی کا پیغام دیا۔ اُن کی شاعرانہ کاوشوں نے فرقہ وارانہ تنگ نظری پر ناقدانہ نظر ڈالی۔ مذہبی عصبیت کو ہدف ملامت بنایا۔ اس کے ساتھ ساتھ انہوں نے خود آگہی اور ہم وجودیت کی نئی انسانی قدروں اور تقاضوں کو دل کھول کر اُبھارا۔ کوتاہ نظری، فرقہ آرائی کو چیلنج کیا۔ یہ وہ شاعری تھی جس نے سر پھوڑنے کی بجائے سر جوڑنے کی تلقین کی۔ ظلم و تشدد کی نفی کی جگہ تہذیب و تمدن کے ارتقا کا نقارہ بجایا۔

دورِ متوسط کے ان قلمکاروں کی انقلابی کاوشوں کو تاریخ دان بھگتی کوِیتا کے نام سے جانتے ہیں۔ جدید سیکولرازم اسی آزاد خیالی کا نکھرا ہوا روپ ہے۔ اسی کے نتیجہ میں ہندوستان کی ذہنی اور جذباتی فضا PSYCHE میں ایک نیا اور حقیقت پسندانہ انقلاب آیا۔ بھائی نند لال گویا کی بیدار مغزی اور آزادہ روی کا پس منظر یہی انقلاب ہے۔ گویا کا شعری اسلوب، الفاظ کاری، تشبیہ و کنایہ، استعارہ، اُس کے معانی و مطالب اور اس کی جذباتی کائنات کو اسی انقلاب کے حوالہ سے پڑھنا، سمجھنا اور محسوس کرنا ضروری ہے۔

اب ایک جملہ معترضہ جو آج کے حالات میں ضروری اور اہم ہے۔ اٹھارویں صدی میں انگریزی حکومت کا طوق ہندوستان کے گلے پڑا۔ بھگتی انقلاب کا طوفان ذرا رُک سا گیا، مگر جنگ آزادی کے دوران یہی انقلابی شعور پھر سے جاگ اُٹھا۔ آزادی کے بعد شاید یہ آگہی پھر کہیں کھو گئی۔ افسوس کا مقام ہے اور عبرت کا بھی، ہندوستان کی روح تنگ نظری کا پھر سے شکار ہے۔

گویا کی شاعری کی جان بھگتی یعنی عشق ہے، انقلابی عشق۔ گویا اپنے اشعار میں بھگتی کا ترجمہ 'عشق' سے ہی کرتا ہے۔ اور وہ عشق کو انسانی آگہی

کی بیداری تصور کرتا ہے۔ وہ عشق کو ایک ایسا احساس سمجھتا ہے جس سے انسانیت اور انسان دوستی سربلند و سرفراز ہوتی ہے جس فرد یا جس قوم میں یہ احساس و شعور بیدار ہو جائے وہ قدامت پرستی سے احتراز کرتی ہے۔ رسومات کی قید سے چھوٹ جاتی ہے۔ وہ محض عشق پرست بن جاتی ہے۔ یعنی قطعی طور پر بندۂ عشق ہو محض عشق کی ہی پوجا کرتی ہے۔

ما بندۂ عشقیم خدا را نشناسیم
دشنام ندانیم دُعا را نشناسیم (گویا)

جب عشق انسانی شعور کو تحریک و جلا دے دیتا ہے تو ساری خدائی عشق کی کائنات، عشق کی بزم، عشق کی سادہ سنگت نظر آتی ہے۔ نسل، ذات، برادری، قوم، مذہب سب کے سب بے معنی ہو جاتے ہیں اگر یہ عشق کی صفت سے عاری ہیں حقیقت تو یہ ہے کہ عشق کے بحرِ بے کنار میں ان سب کی ہستی ڈوب جاتی ہے۔

چوں غیرِ تو کس نیست بہ تحقیق دریں جا
ایں تفرقۂ ما و شما را نشناسیم

سبھی دین، سبھی دھرم عشق پر منحصر ہیں۔ عشق ان میں سے کسی پر منحصر نہیں ہے۔ عشق ان سب کی روح ہے۔ یہ سب عشق کی صورتیں ہیں، یہ تو محض راستے، بنتے بگڑتے، بدلتے ہوئے راستے ہیں۔ عشق کا مسافر راستوں کے ہیر پھیر میں نہیں آتا کیوں کہ وہ جانتا ہے کہ

چند می گوئی تو اے گویا جنش شوزیں سخن
شوقِ مولا منحصر بر کعبہ و بُت خانہ نیست

عشق کی سرگرمی کا نتیجہ ہے، فرد اور اقوام کے مابین سکھ، امن اور چین۔ بھگتی کے معنی ہیں انسان دوستی۔ سکھ اور امن کا مفہوم ہے تسکینِ قلب اور انسانیت کی سربلندی اور خوش حالی۔

۱۲۰

برہمن مشتاقِ بُت، زاہد فدائے خانقاہ
ہر کجا جام محبت دیدہ ام سرشار ہست

مختلف انسانی رشتے، انواع و اقسام کی گروہ بندیاں، ایک ہی انسانیت کے مختلف رنگ ہیں۔ انسانیت ناقابلِ تقسیم و تفریق ہے، عشق و محبت اِس سالمیت کی ضمانت ہے۔

گاہ صوفی گاہے زاہد گاہ قلندر می شود
رنگ ہائے مختلف دارد بُتِ عیارِ ما

فرقہ بندیاں اور فرقہ وارانہ تعصبات انسانی شعور کی توہین ہیں۔ نفرت اور تشدد ننگِ عشق ہیں۔ تلوار و تفنگ، بم اور بارود عشق کی نفی ہیں۔ اپنے اپنے مفاد کی تکمیل خود غرضی ہے۔ اسے ایثار نفسی نہیں کہہ سکتے۔ خود غرض انسان کی نماز و عبادت ایک ڈھونگ ہے اور عبودیت نہیں ہے۔ خود فریب اور ریاکار شخص کی موت موتِ محض ہے شہادت نہیں ہے۔ شاید گویا دورِ حاضر کے انسان سے مخاطب ہے:-

بے وفائی کسے گر تو وفادار شوی
وقت آنست کہ بر وقت خبردار شوی

[اگر تو وفاداری سے کام لے تو کسی کی کیا مجال کہ وہ تجھ سے بے وفائی کرے۔ وقت کی نزاکت کو سمجھ اور ہوش میں آ۔ تیری بہتری اسی میں ہے]

حوالہ جات:

۱۔ تصنیفات گویا مرتبہ مہان سنگھ گیانی
۲۔ غزلیات گویا مرتبہ گنڈا سنگھ۔

تخلیقی صلاحیت : روایت کے تناظر میں

فنِ تنقید میں لفظ روایت کا استعمال نکتہ شناسی کے بجائے عموماً نکتہ چینی کے لئے کیا جاتا ہے۔ یوں کبھی کبھی روایت کی عدم موجودگی کو ہدفِ ملامت بھی بنا لیا جاتا ہے۔ کہا یہ بھی جاتا ہے کہ انگریزی ادبیات میں ایک سرے سے روایت ہے ہی نہیں اور نہ ہی کسی ایک خاص روایت کی نشاندہی کرنا ممکن ہے۔ البتہ ہم یہ ضرور کر سکتے ہیں کہ کسی شاعر کے کلام کو روایتی یا حد سے زیادہ روایتی قرار دے دیں اور اکثر اس "روایتی" ادب سے مراد لی جاتی ہے اسفلا اور گھٹیا قسم کا ادب۔ اگر کبھی لفظ "روایت" کو کسی نے تحسین کے لئے استعمال کر بھی لیا تو بس اُس معنی میں کہ جس معنی میں آثارِ قدیمہ کی نو تعمیر کو خوش نما کہہ دیا جاتا ہے۔ لفظ روایتی کو زندہ یا مرحوم ادبا کی داد و ستائش کے لیے برتے جانے کا دستور کم کم ہی پایا جاتا ہے۔

اکثر سننے میں آتا ہے کہ ہر قوم کا ایک تخلیقی مزاج ہوتا ہے۔ اور اس کے علاوہ ایک تنقیدی رویہ بھی۔ تخلیقی نابغہ میں کمزوری کو کبھی پر بھی نظر انداز نہیں کیا جاتا۔ مگر تنقیدی شعور کی کمی یا پستی کو اکثر قابلِ اعتنا نہیں سمجھا جاتا۔ اہلِ فرانس کے متعلق مشہور ہے کہ وہ تخلیقی صلاحیت کی بہ نسبت انتقادی شعور سے مقابلتاً زیادہ بہرہ مند ہیں۔ اس بات کا ثبوت یہ ہے کہ انہوں نے تنقیدی موضوعات پر ڈھیروں کتابیں لکھی ہیں۔ انگریزی

قوم کا حال اس سے برعکس ہے ۔ یہ قوم ناز کرتی ہے کہ اس کے مقابلے میں اہلِ فرانس تخلیقی صلاحیت کی برجستہ اُپج سے عاری ہیں ۔ شاید اس موقف میں سچائی کا کچھ شائبہ بھی ہو ۔ مگر اس کا ہرگز یہ مطلب نہیں نکلتا کہ فرانسیسی ادیب خلاقانہ فطانت سے قطعی نابلد ہیں ۔ اور انگریزی ادبا انتقادی نابغہ سے محروم ۔ بات اصل میں یہ ہے کہ نقد و نظر کا فن اتنا ہی ناگزیر ہے جتنا عملِ تنفس ۔ جب بھی ہم کسی کتاب کا مطالعہ کرتے ہیں تو تاثر کے طور سے کچھ باتیں ذہن کی سطح پر ضرور اُبھرتی ہیں ۔ کچھ احساسات لازماً پیدا ہوتے ہیں ۔ یہ اور ایسی ہی دوسری باتیں اگر انتقادی شعور سے متصف نہیں ہیں تو یہ اور کیا ہیں ؟

ہم کسی شاعر کی تعریف میں عموماً صرف انہی محاسن کا ذکر کرنا ضروری سمجھتے ہیں ۔ جو کسی دوسرے شاعر کے کلام میں ناپید ہیں ۔ یعنی ہم فقط اختلافی نکات کو منفرد حسن اور امتیازی شان کا درجہ دے دیتے ہیں ۔ اور مثالیں پیش کرتے ہیں کہ فلاں شاعر متقدمین پر بالعموم اور متاخرین پر بالخصوص اس لئے فائق ہے کیونکہ وہ اُن سے مختلف ہے ۔ اب اگر اس تعصب کو ذرا بالائے طاق رکھ کر تقریظ و تنقید کی جائے تو معلوم ہوگا کہ کسی شاعر کا بہترین کلام وہ ہوا کرتا ہے جس پر قدما اور مرحوم شعرا کی چھاپ زیادہ نمایاں ہے اور جہاں روایت کی دوامیت پورے طور سے کارفرما ہے ۔ دور چاہے اُس شاعر کی جبتِ اثر پذیری کا رہا ہو چاہے پختہ کارانہ کارکردگی کا ۔ یہ قول بہرحال کسی شاعر کی تخلیقی صلاحیت پر صادق آئے گا ہی ۔

ایسی نوع کی روایت کو دُور ہی سے سلام جس کا منتہائے مقصود اپنے نزدیک پیش روؤں کے ادب پاروں کی آنکھیں بند کر کے نقل کرنا ہے یا اُن سے مرعوب ہو کر اُن کی اندھا دھند تقلید کرنا ہے ۔ اس قسم کی تقلیدِ محض کی متعدد مثالیں ہمارے سامنے ہیں ۔ جو ریگستانی ندی کے مانند اُبھر کر جلد ہی مٹ گئیں ۔ ظاہر ہے کہ تجدید بہرحال اور بہرصورت تقلید سے بہتر ہوا کرتی ہے ۔

یاد رکھنا چاہیئے کہ روایت ورثہ میں نہیں ملا کرتی ۔ اس کی حصول یابی ایک اکتسابی عمل کا نتیجہ ہے اور اسے پانے کے لئے جد و جہد درکار ہے ۔ ہر اُس شخص

کے لئے جو پچیس سال کی عمر کے بعد بھی اپنے شاعر ہونے پر مصر ہے یہ نہایت ضروری ہے کہ وہ تاریخی حسیت کے تقاضا سے پوری طرح بہرہ مند ہو۔ اُسے ماضی کے بُعد وعدم کا ہی احساس نہ ہو بلکہ ماضی کے وجود و قرب کا بھی خیال ہے۔ اس نوع کے شاعر کی رگ رگ میں عنصری جذبات اور اوصاف موجود ہونے ہی چاہئیں نیز اپنے ملک کے ادب پاروں کی روح سے واقفیت کے ساتھ ساتھ پورے یورپ (ایشیائی؟) ادب کی دھڑکن کا احساس اُس کے اپنے کلام میں جاری وساری نظر آنا چاہیئے۔ تاریخی حسیت کا یہ تقاضا اصل میں زمانی اور لازمانی ہر دو طرح کے عناصر کی موجودگی سے مرکب ہے۔ یہ عناصر جدا جدا بھی پائے جا سکتے ہیں اور بیک وقت اکٹھے بھی۔ تاریخی حسیت ہی ادبیات میں روایت کوشی کی ضمانت ہے۔ اس کے دم خم سے کوئی بھی قلم کار روایت خو کہلانے کا حق دار بن جاتا ہے۔ اُسے اپنا مقام متعین کرنے میں زیادہ دقت نہیں آتی اور نہ ہم عصریت سے بھی اُس کا رشتہ نہیں ٹوٹتا۔

روایت شناس فن کار جانتا ہے کہ تن تنہا بھی اُس کی تخلیق تکمیل کی حامل نہیں ہو سکتی ہے۔ اس کی اہمیت اور قدر و منزلت کا تعین کرنے کے لئے اُسے مرحوم شعرا کے تناظر میں آنکنا ہوگا۔ پرکھنے اور جانچنے کے لئے باہمی مقابلہ اور موازنہ کی کسوٹی سے کام لیا جاتا ہے۔ جمالیات کا یہ تسلیم شدہ اصول ہے اور تاریخی تنقید کا بھی یہی کلیہ ہے۔

ہر نئی تخلیق قدما اور متاخرین کی تخلیقات کی روایت کو متاثر کرتی ہے' اُن پر یہ اثر انداز ہوتی ہے۔ روایت کے موجودہ ٹکسالی نظام میں ترمیم کی گنجائش نکلتی ہے۔ نئے ادب پاروں کی پیش قدمی سے پہلے روایت کی ایک گونہ مسلمہ سالمیت قائم تھی۔ اس تسلسل کو بدستور بنائے رکھنے کے لئے روایتی رشتوں میں پھیر بدل کرنا ناگزیر ہو جاتا ہے۔ رد و قبول کی کوئی نہ کوئی صورت اُبھر کر سامنے آتی ہے۔ اور اسی کی بدولت تازہ تخلیق موجود روایت کو متاثر کرتی ہے اور اس کا جزو لاینفک بھی بن جاتی ہے۔ اس طرح نئے اور پرانے میں باہم

مطابقت ہوجاتی ہے اور ان دونوں کے روابط و اقدار میں ایک خوش آئند تبدیلی واقع ہوتی ہے۔ ایک نئی متوازنیت وجود میں آجاتی ہے۔

روایت کے ہر پاسدار کو معلوم ہونا چاہیئے اگر ہمارا ماضی ہمارے حال کی راہنمائی کا دم بھرتا ہے تو ہمارے حال کا ہمارے ماضی پر اثر انداز ہوجانا بھی ایک ناگزیر حقیقت ہے۔ آخری آنکھ سے پرانے خواب کو دیکھا جائے گا تو اُس کی ایک نئی تعبیر ہی ہمارے سامنے ہوگی۔ جو شخص اس سچائی سے باخبر ہے۔ وہ اپنے فرائض کی ادائیگی اور اپنی ذمہ داریوں کو نبھانے سے بے خبر نہیں ہوسکتا۔ یہ بات اُس کے علم میں ہمیشہ رہے گی کہ ایک نہ ایک دن اُسے بھی ماضی کی کسوٹی پر کسا جائے گا۔ مگر ماضی کے معیاروں پر کسے جانے کا یہ مطلب نہیں ہے کہ کسی ادیب یا شاعر کو کاٹ چھانٹ کر مرحوم ادیبوں کے برابر کا قد یا اُن سے چھوٹا یا بڑا بنا دیا جائے یا یہ کہ اسے مرحوم تنقید نگاروں کے وضع کردہ قواعد و ضوابط کی رُو سے ناپا تولا جائے۔ دراصل اس نوع کے مقابلہ و موازنہ کا انداز یہ ہوسکتا ہے کہ ان دونوں تخلیقوں کو ایک دوسری کی قدر آنکنے کا پیمانہ مان لیا جائے۔ مطابقت یا موافقت کے من و عن ہونے کی صورت ہو تو جدت طرازی یکسر قلم منسوخ ہوجاتی ہے۔ مشابہت کا کچھ مطلب ہی نہیں رہ جاتا۔ جس فن میں جدت کا عنصر نہیں ہوتا اُسے کوئی فن کیوں کر تسلیم کرے گا؟ تو کیا یہ مان لیا جائے کہ وہ تخلیق زیادہ بیش قیمت ٹھہرائی جائے گی جس میں روایت سے ہم رنگ و آہنگ ہوجانے کی پوری صلاحیت ہے؟ اب ایک نئی اُلجھن پیدا ہوتی ہے کیونکہ مطابقت کی صلاحیت کو پہچاننا اور اُسے جانچنا اتنا آسان کام نہیں ہے۔ اگر احتیاط نہ برتی جائے تو مشابہت کا اندازہ لگانے میں غلطی ہوسکتی ہے۔ یوں بھی، کیا ایسا نہیں ہوسکتا کہ مطابقت اور مشابہت کے باوجود ہم کسی تازہ تخلیق کو منفرد قرار دے بیٹھیں؟ یا پھر، انفرادیت سے سرفراز ہوتے ہوئے بھی کوئی ادب پارہ روایت کے مزاج سے منسلک رہے؟ ان اسباب کے پیشِ نظر نتیجہ یہ نکلتا ہے کہ بلا تامل اور بلا غور و خوض کسی کے کلام کو روایت کی کسوٹی پر پرکھنا اور اسے روایتی کہہ دینا [اور وہ بھی بلکم و کاست روایتی] خطرہ سے

خالی نہیں ہے۔ تو پھر صرف منفرد اور سراسر روایتی تخلیق کسے کہا جائے؟

روایت یا ماضی سے ہم کیا مراد لیتے ہیں؟ اِدھر اُدھر کی تخلیقات کا ایک مجموعہ جس کے مشمولات میں باہمی ربط و ضبط کا فقدان ہے؟ یا یہ کہ روایت کی کلیتاً ساکھ وہ چند پرانے شعرا ہیں جو مقابلتاً زیادہ ہر دلعزیز رہے ہوں؟ یا یہ کہ روایت کی پہچان کا معیار کسی ایک دَور کا ادب ہی ہوتا ہے یا ایک آدھ نقاد کے میلانِ طبع پر مبنی کوئی شعریاتی موقف؟ ان سوالات پر غور کیے بغیر آگے نہیں بڑھا جا سکتا۔

پہلا سوال یعنی ماضی کو بے ربط و ضبط گرداننا بذاتِ خود ایک مہمل رویہ ہے۔ دوسرے سوال کا جواب مشاہدے کی بنا پر یوں دیا جا سکتا ہے کہ ہر شاعر کا ابتدائی کلام، اس کے عہدِ جوانی کے سخن پارے اسی نوع کی روایت کے غماز ہوا کرتے ہیں۔ تیسرا سوال ایک ایسا پہلو پیش کرتا ہے جو دلچسپ بھی ہے اور قابلِ قبول حد تک بحث طلب بھی ہے۔

روایت کا ایک نمائندہ دھارا ہوا کرتا ہے۔ مگر یہ ضروری نہیں ہے کہ یہ دھارا اُن تخلیقات کو بھی شاداب کرتا ہو جو انتہائی طور سے معروف ہیں۔ سربرآوردہ شاعر اصل روایت سے کٹا ہوا بھی ہو سکتا ہے۔ فن میں مزید اصلاح کرنا ممکن نہیں ہے۔ یہ اور بات ہے کہ اجزائے فن اور فنی تقاضے ہمیشہ ایک سے نہیں ہوا کرتے، یہ رُو بہ تغیر رہتے ہیں۔ ان میں ردّ و بدل ہوتا ہی رہتا ہے۔ ایک معاشرے کا ذہن، ایک قوم کا شعور کسی بھی شاعر کے ذاتی یعنی انفرادی شعور سے زیادہ اہمیت رکھتا ہے۔ یہ شعورِ قوم خود تغیر پذیر ہے۔ لہٰذا اس میں قدرتی ردّ و بدل کو ترقی یا اصلاح نہیں کہہ سکتے۔ ہاں، اسے بالیدگی یا نشو و نما کا نام دیا جا سکتا ہے۔ تبدیلی سے مراد ہے بالیدگی، ایسی بالیدگی جو ماضی سے کسی صورت اپنا دامن نہیں چھڑا سکتی، اور جو مشہور شعرا کے کلام اور مرحوم فن کاروں کے نقوش دونوں کی تازگی کا احساس دلاتی رہتی ہے۔ فن کی اس تہذیب کاری کو ارتقائی پیچیدگی تو کہہ سکتے ہیں لیکن اسے اصلاح کاری کا نام نہیں دیا جا سکتا۔ شاید نفسیات کے ماہر بھی اس عمل کو بہتر کرداری یا اصلاح قرار نہیں دیں گے۔ اس نوع کی بالیدگی کا دار و مدار معاشیاتی اور مشینی وجوہ پر ہوتا ہے۔ ماضی اور حال یعنی

پرانے اور نئے میں جو فرق ہے اس کا علم ہونا سب کے فائدہ کی بات ہے۔ حال اگر حساس ہے تو وہ اپنے ماضی سے باخبر ہوتا ہے۔ یہ باخبری اس سلیقہ کی اور اس قدر ہوا کرتی ہے کہ خود ماضی کے پاس بھی اپنے بارے میں اتنی جانکاری نہیں ہوتی۔ ماضی کا ایک ایسا بامعنی احساس حال کی بیداری کی زندہ علامت ہے۔

اس بات میں شک کی گنجائش نہیں ہے کہ ہم قدما کو بہت پیچھے چھوڑ آئے ہیں ہماری معلومات کا عالم بھی اُن سے یقیناً وسیع تر ہے۔ لیکن یہ وہی کچھ تو ہیں جو ہم نے مصور کر رکھا ہے۔

اس نوع کی شاعری کے خلاف [جس کے خد و خال اُوپر درج کئے گئے ہیں] ایک عام اعتراض یہ ہے کہ کوئی فیلسوفی علمیت کا مالک ہو تب کہیں وہ شاعری کر پائے۔ اور یہ بھی کہا جاتا ہے کہ علمیت کی افراط کے بوجھ تلے شاعرانہ حس یا تو زائل ہو جاتی ہے یا بگڑ جاتی ہے۔

سوچنے کی بات یہ ہے کہ علمیت علمیت میں فرق ہوتا ہے۔ جو علمیت کسی شاعر کی قوتِ جاذبہ کو اور اُس کے خلاقانہ تساہل کو غصب کر لے وہ علمیت کس کام کی؟ نیز ہم علم کو قابلِ مشاہدہ امور تک ہی محدود نہیں رکھ سکتے اور نہ ہی علم ادبی نشستوں اور تشہیر کے دیگر ذرائع کا دست نگر ہوتا ہے۔ کچھ سخت جان ایسے بھی ہیں جو علم حاصل کرنے کے لئے خون پسینہ ایک کرتے ہیں اور کچھ تیز فہم ایسے بھی ہوتے ہیں جو باتوں ہی باتوں میں اُن سخت جانوں جتنا علم اخذ و جذب کر لیتے ہیں۔ قصہ کوتاہ شاعر کے لئے ضروری ہے کہ وہ اپنے ماضی سے باخبر ہو اور اپنی اس باخبری کو تا زلیست فروغ دیتا رہے۔ باخبر ہونے کے لئے ایک گونہ خود سپردگی کا سلیقہ مند ہونا ضروری شرط ہے۔ اس سلیقہ سے بہرہ مند شاعر کو اپنے شخصی تقاضوں سے اور عصری تقاضوں سے اُوپر اُٹھ کر کچھ کرنا ہوتا ہے۔ بالیدگی کا راز اس پے در پے قربانی، متواتر ایثارِ ذات میں مضمر ہے۔

ازالۂ ذات کے اس تخلیقی عمل کی کیا نوعیت ہے اور اس کا روایتِ شعری سے کیا سروکار ہے؟ دونوں سوالوں کا جواب ان الفاظ میں دیا جا سکتا ہے۔ ازالۂ ذات کی بدولت فن آرٹ، کو سائنس کی ہم پائیگی میسر آتی ہے۔ فن استدلالی علم بن جاتا ہے۔

وضاحت کے لئے اس مثال پر غور کیجئے :- پلاٹینیم کا ایک مہین ریشہ اُس ظرف میں ڈال دیجئے جس میں آکسیجن اور سلفر ڈائی آکسائیڈ پہلے سے ہی موجود ہوں۔ نتیجہ کا انتظار کریں۔

ناقد اگر ایمان دار ہوگا اور تقریظ نگار اگر حساس ہوگا تو بر دو کا براہِ راست رابطہ شعر و سخن سے ہوگا۔ شاعر کی شخصیت سے، ذات سے اُسے کوئی سروکار نہ ہوگا۔ اخباری تبصرہ نگاروں کا واویلا اور اُسی کی صدائے بازگشت عوامی چہ میگوئیاں شعرا کے ناموں کی فہرست مرتب کرنے پر ہی اکتفا کرتی ہیں۔ ان کی شاعری اور ذوقِ سخن سے متعلق اکثر بے نیازی کی حد تک خاموش رہتی ہیں، مختلف شعرا کے سخن پاروں کا مقابلہ اور موازنہ کر پانا تو دور کی بات ہے۔ ظاہر ہے کہ شاعر شناسی کو شعر شناسی کا درجہ نہیں دیا جا سکتا۔ ذہن بھی شاعری تو ایک ہمہ گیر زندہ پیکر ہے۔ اُن تمام شعری تخلیقات کا جن کو کسی بھی دور میں تحریر کیا گیا ہے۔ شاعری کے اس لاشخصی تصور کا ایک اور پہلو بھی ہے یعنی نظم کا ناظم سے کیا رشتہ ہو سکتا ہے؟ یعنی تخلیق اور تخلیق کار کا باہم رشتہ؟

اس ضمن میں پلاٹینیم کی مثال کو ذہن میں رکھنا ہوگا۔ ایک وہ شاعر ہے جو پختہ کار ذہن رکھتا ہے۔ اور ایک وہ شخص ہے جو شاعر تو ہے مگر ذہن کی پختگی سے محروم ہے۔ دونوں میں امتیاز کی وجہ شخصیت نہیں ہوا کرتی شخصیت اہم ہے یا اہم نہیں ہے اس بنا پر کسی شاعر کا رتبہ بڑا یا چھوٹا نہیں ہوا کرتا۔ نہ ہی اختلاف کا جواز یہ ٹھہرتا ہے کہ ایک دوسرے سے زیادہ دلپذیر ہے یا یہ کہ ایک کے پاس دوسرے کی بہ نسبت کہنے کو بہت کچھ ہے۔ بلکہ فوقیت کی اصل وجہ یہ ہوتی ہے کہ پختہ کار شاعر کا ذہن ایک نہایت ہی باکمال اور کارگر حیلہ یا توسل ہوا کرتا ہے جس کی وساطت سے ایک ہی نوع کے یا گوناگوں احساسات کو اچھوتی شعری تراکیب میں ڈھل جانے کی آزادی مل جاتی ہے، یعنی تحلیل و امتزاج کی خلاقانہ آزادی۔

پلاٹینیم کا ٹکڑا ایک معاون یا توسل کا کام دیتا ہے۔ اس کی موجودگی میں آکسیجن اور سلفر ڈائی آکسائیڈ دونوں گیسوں کا انضمام ہو جاتا ہے اور سلفیورس ایسڈ تیار ہو جاتا ہے۔ پلاٹینیم

کی عدم موجودگی میں ایسڈ کا بننا ناممکن ہے۔ اس نئی ترکیب یعنی تیزاب میں پلاٹینم کا شائبہ تک نہیں ہوتا نہ ہی اس کا کچھ بگڑتا ہے۔ بلکہ یہ جوں کا توں ہی پڑا رہتا ہے۔

شاعر کا ذہن پلاٹینم کے باریک ورق سے مشابہ ہے۔ یہ اُن تجربات پر جو شخصی نوعیت کے ہیں کم و بیش اثر انداز ہوتا رہتا ہے۔ مگر فن کار جس قدر باکمال ہوگا اُسی تناسب سے اُس کی تجربہ نواز شخصیت اور اُس کا تخلیق کار ذہن دونوں کی جداگانہ ہستی قائم رہے گی۔ ان دو الگ الگ حیثیتوں کا نتیجہ یہ ہوگا کہ شاعر کا ذہن بڑی خوبی سے اُن جذبات کو جو تخلیق کا خام مواد ہوتے ہیں روبرو کر کے انہیں پچا گلا کر از سرِ نو مرتب و مرکب کرنے کا کام سرانجام دے سکے گا۔ جذبات اور احساسات شاعرانہ تجربہ کے اجزائے ترکیبی ہیں۔ توسل یعنی ذہن کی موجودگی میں دونوں ایک دوسرے پر اثر انداز ہوتے ہیں۔ جن اجزا میں خلط ملط ہو کر نئی کیفیت میں رُونما ہو جانے کی صلاحیت ہوتی ہے وہ ایک دوسرے میں مل جاتے ہیں۔ اس اجتماعی عمل کا نتیجہ ہے تخلیق شعر۔ جو شخص فن شعر سے محظوظ ہونا جانتا ہے وہ یہ بھی جانتا ہے کہ نشاط ان کی قدر و قیمت سبھی دیگر مسرتوں سے جداگانہ ہوا کرتی ہے۔

ایک واحد جذبہ بھی فنی تجربہ کا ضامن ہو سکتا ہے اور بہت سارے جذبات بھی جو ایک ہی وقت میں تخلیق کار کو متاثر کر رہے ہوں۔ یہ احساسات باہم منسلک ہوتے جاتے ہیں۔ مختلف فیہ لفظیات سے کیفیتوں اور پیکروں سے ان کا باہمی اختلاط فیصلہ کن نتائج کا حامل ہو جاتا ہے۔ اظہارِ جذبات کے بغیر شعر کہہ لینا ناممکن تو نہیں ہے لیکن شعر گوئی کا انحصار اکثر احساسات پر ہی ہوا کرتا ہے اور ایسا ہونا غیر فطرتی بات نہیں ہے۔ دراصل شاعر کا ذہن ایک ظرف کے مترادف ہے۔ جس میں لاتعداد احساسات، لفظی اور معنوی بندشیں اور اُن سے وابستہ تخیلی پیکر ہمہ وقت باہمی کشمکش میں مبتلا رہتے ہیں اور اپنی اپنی صلاحیتوں کے مطابق یہ اجزا گھل مل کر یک جان ہو جاتے ہیں۔ اس ڈھنگ سے تازہ تراکیب اور نئے نئے پیکروں کی دُنیا میں مرتب ہوتی رہتی ہیں۔ کسی بھی اچھے شاعر کی نظمیات کا مطالعہ کریں تو اس نوع کی کتنی ہی مثالیں ان میں موجود ہوں گی۔ انتقادیات میں "نزہت" یا "تلمیح"

کا نیم اخلاقیاتی معیار دراصل کوئی معیار نہیں ہے۔ جذبات اور احساسات تو اجزا ہیں۔ تخلیق کی عظمت کا دار و مدار ان کی شدت پر نہیں ہے بلکہ اس کا انحصار ہے تخلیقی عمل کی تندی یا شدت پر، اُس دباؤ پر جو تخلیقی انضمام کو ممکن بناتا ہے۔

فن اور واقعیت دو الگ شعبے ہیں اور دونوں کے اپنے اپنے اقدار ہیں۔ ان میں ہم رشتگی یا باہم آمیزش قطعی ممکن نہیں ہے۔ جذبات کی از سرِ نو تالیف و تدوین کرنے کا عمل الگ ہی طرح سے واقع ہوا کرتا ہے۔

تخلیق شعر کا یہ تصور مابعد طبعیات کے اس نظریہ سے ملتا جلتا ہے جو روح کی وحدت کا داعی ہے۔ شاعری "اظہارِ ذات" کی حامل نہیں ہوتی۔ شاعر تو ایک توسل ہے، محض ایک توسل نہ کہ ایک ذات یا شخصیت۔ یہ توسل حادثات اور واردات کو آمیزش و امتزاج کا موقع فراہم کرتا ہے۔ اظہار کی وہ وہ صورتیں اُبھرتی ہیں جو تازہ اور نادر ہوا کرتی ہیں۔ تجربات اور تاثرات دو طرح کے ہیں:۔ ایک وہ جن کی نوعیت شخصی ہے، دوسرے وہ جو لاشخصی ہیں، فنکارانہ ہیں۔ شخصی تجربہ اور تاثر کا فنکار کے لیے کار آمد ہونا کوئی ضروری بات نہیں ہے۔ ہاں ایک انسان کی حیثیت سے وہ اس قسم کے تجربہ سے الگ بھی نہیں ہو سکتا۔ عظیم شاعر اور اُس کے کلام میں دلچسپی کی وجہ نہ تو اس کے شخصی جذبات ہیں اور نہ ہی وہ جذبات جو اس کی ذاتی زندگی کے حادثات سے انگیخت ہوئے ہوں۔ تخلیق فن کے لیے ایسے جذبات قدرے سادہ اور غیر دلچسپ ہوتے ہیں۔ شاعرانہ جذبہ کافی پیچیدہ شے ہے۔ اور یہ پیچیدگی اُس انسان کے تاثرات سے مختلف ہوتی ہے جو غیر معمولی جذبات کی آماجگاہ ہو۔ شاعری میں ضبطِ نفس کی ایک غلط صورت یہ بھی ہے کہ جب شاعر شخصی حیثیت سے ندرتِ جذبات کا متلاشی رہتا ہے تاکہ وہ ان کا اظہار کر سکے۔ جذباتِ تازہ کی تلاش میں جٹ جانا شاعر کا فریضہ یا منصب نہیں ہے۔ وہ تو عام قسم کے جذبات سے ہی کام نکالتا جاتا ہے، انہی کو شعریت کا گداز دے دیتا ہے۔ انہی کے سوز و ساز سے وہ ان احساسات کا شعری اسلوب میں اظہار کر دیتا ہے جو یوں ہی اتفاقی جذبات کی گرفت میں نہیں آیا کرتے۔

"عالمِ سکون میں جذبات کی یاد آوری" ہرگز ہرگز شاعرانہ عمل کا ماحصل نہیں ہے۔ شعر کی تکنیک کا یہ کلیہ سراسر لغو ہے۔ کیونکہ اسے نہ تو جذبہ سے کوئی متعلق ہے نہ ہی یاد آوری سے اور نہ ہی صحیح معنوں میں اسے عالمِ سکون سے کچھ لینا دینا ہے۔ تخلیقی عمل مرکوزیت کا متقاضی ہے جس کے زیرِ اثر ایک تازہ تخلیق وجود میں آتی ہے۔ اس

عملِ ارتکاز میں اُن لاتعداد تجربات کا عمل دخل ہوتا ہے۔ جو ایک عام کاروباری انسان کے لئے کار آمد نہیں بھی ہوتے۔ یہ ارتکازی عمل شعوری طور سے یعنی دیدہ و دانستہ بروئے کار نہیں لایا جاتا۔ بازیابیٔ تجرباتِ و واردات ممکن ہی نہیں۔ جو ہو گیا سو ہو گیا۔ بازیافتہ جذبات کا "سکون" کے ماحول میں مراجعت کرنے کو صداقت پر مبنی نظریہ نہیں کہا جا سکتا۔ ہاں' یہ عمل اس لحاظ سے "پُر سکون" ہوتا ہے کہ جب واقعات لاحق ہوتے ہیں تو یہ تجربات انفعالی حیثیت سے ذہنِ شاعر میں موجود رہا کرتے ہیں۔ مگر محض اتنا کہہ کر ہی چُپ ہو جانا تخلیقی عمل کی پوری سچائی نہیں ہے۔ اُور بھی بہت کچھ ہوتا ہے جسے سوچ سمجھ کر کیا جاتا ہے' شعوری سطح پر کیا جاتا ہے۔ ادنےٰ شاعر اپنے شعور سے وہاں کام لینے لگ جاتا ہے جہاں ایسا کرنا مناسب نہیں ہوتا۔ وہ جاگنے کے وقت سو جاتا ہے اُور سو جانے کے مقام پر جاگ اُٹھتا ہے۔ ان دو فروگزاشتوں کے سبب وہ ذاتیات سے بالاتر نہیں اُٹھ سکتا۔ جذبات کی تشہیر کو' شخصیت کے اظہار کو شاعری نہیں کہہ سکتے۔ شاعری نام ہے ذاتیات سے گریز کا لیکن یہ گریز کیا ہے؟ اسے وہی سمجھ سکتا ہے جو [جذبہ اُور] شخصیت کا محرمِ راز ہے۔

خلاصہ کلام یہ کہ شاعر نہیں بلکہ اُس کا کلام ہی کسی ناقد کی دلچسپی کا موضوع ہوا کرتا ہے۔
شعر میں صدق ولانہ جذبات ہوں تو اُن سے محظوظ ہونے والے سینکڑوں مل جائیں گے مگر تکنیکی کمال کے قدردان خال خال ہی نظر آتے ہیں۔ اس سے بھی زیادہ کمی ہے اُن ناقدوں کی جو معنیٰ آفریں جذبۂ فن کی شناخت کر سکتے ہیں۔ یہ جذبہ شاعر کی زندگی کے واقعات میں نہیں ملتا۔ یہ تو اس کے کلام میں جاری و ساری رہتا ہے۔ ادب اُور فن میں جس جذبہ سے کام لیا جاتا ہے وہ لاشخصی' لاذاتی جذبہ ہوتا ہے لیکن ذات سے انحراف یا گریز اُسی سخنور کو میسر آتا ہے جو ذات کو فکر و فن کے حوالے کرنے کا سلیقہ اُور ہنر جانتا ہے۔ ہنر یہ کہ وہ حال موجود پر ہی اکتفا نہیں کرتا بلکہ وہ پوری طرح باخبر ہوتا ہے اُس لمحۂ ماضی سے جو حال میں سانس لیا کرتا ہے اُور زندہ رہتا ہے۔

حوالہ :- ٹی۔ ایس۔ ایلیٹ کا مقالہ : TRADITION & THE INDIVID AL TALENT.

AF762584

www.ingramcontent.com/pod-product-compliance
Lightning Source LLC
LaVergne TN
LVHW010810051026
849532LV00007B/2507

9789358720686